自己の學說を主
けふ貴院で一身上
菊池男の攻擊
部博士起ち
『學說』反對逆襲
戰成行重大視
美濃部博士談
天皇機關說は
反逆"學匪"思想
憲法破壞の著書
政府斷乎處分せよ
菊池男の追及
小原法相
貴院スケッチ
菊池男猛追
機關說を說明
「萬能說は西洋
天皇機
『美濃部說』再爆破
軍部愛國團體起つ
近く具體運動に
壇上の美濃部博士＝電送
美濃部博士諄々憲法を說き
貴院で一身上
我學說への非難
國民こし忍從
けふ貴院本會議で
菊池男の
美濃部

監修者──加藤友康／五味文彦／鈴木淳／高埜利彦

［カバー表写真］
東京大学安田講堂

［カバー裏写真］
美濃部達吉(右)と吉野作造

［扉写真］
天皇機関説事件を報じる新聞記事

日本史リブレット人 095

美濃部達吉と吉野作造

大正デモクラシーを導いた帝大教授

Furukawa Eriko
古川江里子

目次

美濃部と吉野を考察する意味

美濃部達吉(一八七三〜一九四八)、吉野作造(一八七八〜一九三三)という名前を聞いて、思い浮かぶのはどのようなイメージであろうか。おそらくは、自由、平等、国際協調主義など今日の民主主義を支える政治概念である。だから、今日でも美濃部と吉野は現代日本の民主主義の礎《いしずえ》を築いた開拓者として高く評価されている。

いわゆる大正デモクラシー期(一九〇五〜三二〈明治三十八〜昭和七〉年)において、世界的民主化の潮流と人類発展への寄与というグローバルな視点に立って、美濃部は天皇機関説《てんのうきかんせつ》という法律論から、吉野は民本主義《みんぽん》という政治論によって、議会(おもに衆議院)や政党を中心とする民主的政治運営の正当化をはかる主張を展開し、外交に関しても国際協調主義を提唱した。

美濃部と吉野は、天皇主権を掲げた大日本帝国憲法《だいにっぽんていこくけんぽう》(以下、明治憲法と表記)という制約のなかで、一九二〇年代なかばからの「憲政《けんせい》の常道《じょうどう》」といわれた政党内閣時代と協調外交を理論的に正当化し、東京帝国大学(以下、帝大と表記)法科大学(法学部になるのは一九一八〈大正七〉年以降。本書では法科と統一的に表記)教授という共通の立場から支えた人物ということができる。

美濃部は、議会・政党が本格的に力をもちはじめた桂園《けいえん》時代▲の一九一二(明治四十五)年三月に、天皇機関説と議院内閣制《ぎいんないかくせい》(政党内閣。以下、政党内閣と表記)を一般向けに説いた『憲法講話《こうわ》』を著わし、第一次護憲《ごけん》運動を支援する言論を展開し、政党内閣を理論的に準備する役割を果たした。一方、吉野は、一九一六(大正五)年一月に「憲政の本義《ほんぎ》を説いて其有終《そのゆうしゅう》の美を済《な》すの途《みち》を論ず」(『中央公論』)を発表し、普通選挙(以下、普選《ふせん》と表記)論などの民主的な政治のいっそうの進展の必要性を説いて大正デモクラシーを開花させ、政党内閣時代の誕生に一役買った。さらに、吉野は経済的平等化の必要性をも提唱し、労働運動や無産政党運動にも力をそそいでいく。美濃部は政党内閣の実現を目指す大正デモク

▼**桂園時代**　日露戦後(一九〇五〈明治三十八〉年九月)の第一次桂《かつら》太郎《たろう》内閣から第二次西園寺《さいおんじ》公《きん》望《もち》内閣の崩壊(一二〈大正元〉年十二月)まで、官僚・藩閥《はんばつ》勢力の代表の桂と立憲政友会《りっけんせいゆうかい》の西園寺が交互に政権を担当した、政党の台頭期である。

▼**枢密院**　明治憲法での天皇の最高諮問機関。一八八八(明治二十一)年憲法草案審議のために設置。天皇の諮問に応じて重要国務(憲法・条約締結、緊急勅令《ちょくれい》の発

布など)を審議。官僚出身者が多く任命され、政党内閣期には内閣と対立し、議会政治の発達を阻止するものとして、批判をあびた。

▼五・一五事件　一九三二(昭和七)年五月十五日に、海軍青年将校や陸軍士官学校候補生や橘《たちばな》孝三郎《こうざぶろう》の民間右翼《うよく》団体愛郷塾《あいきょうじゅく》が起こしたクーデター未遂事件。犬《いぬ》養毅《かいつよし》首相を暗殺したが、政友会本部への攻撃や変電所の破壊の混乱に乗じた改造政権樹立に失敗。

▼二・二六事件　一九三六(昭和十一)年二月二十六日に、磯部《いそべ》浅一《あさいち》ら皇道派《こうどうは》青年将校が起こした反乱事件。磯部らに率いられた約一四〇〇人が、岡田啓介《おかだけいすけ》首相(生存)らを襲い、斎藤実《さいとうまこと》内相・高橋《たかはし》是清《これきよ》蔵相・渡辺錠太郎《わたなべじょうたろう》教育総監らを殺害、鈴木貫太郎《すずきかんたろう》侍従長に重傷をおわせ、陸軍省・参謀本部・国会などを四日間占拠したが、鎮圧されて失敗。

ラシーが本格化していく起点に立ってその扉をたたき、吉野はその扉を開く役割を果たしたといえよう。

政党内閣誕生の産婆役を果たした両者は、以後もその行く末をみまもり、その定着と発展向上をはかるための言動を時に連携して展開した。枢密院《すうみついん》▲・軍部などの議会外勢力への批判はもちろん、時には政党に対しても議会政治を損なう行動をとった場合(汚職・金権選挙など)は、厳しい批判を行った。そして、五・一五事件▲以後、軍部の台頭による議会・政党政治危機の時代には、美濃部は言論の場のほか、貴族院議員として、吉野は死の病の病軀を押して、軍部批判を展開し、身を呈しそれを守る行動をとった。

しかし、両者の奮闘にもかかわらず、五・一五事件により政党内閣はとだえ、二・二六事件▲以後軍部の台頭を招き、日本は戦争への道をたどる。吉野は一九三三(昭和八)年に日本の行く末を憂慮しながら死を迎え、美濃部は三五(昭和十)年の天皇機関説事件によって、公的に学説を否定され、政治・社会的立場を失ってしまう。結局、両者は、現実に対して十分に影響力をあたえられなかったのである。

もし、両者の主張が現実において効果を発揮していたならば、政党内閣は凋《ちょう》落《らく》せず、軍部も台頭せず、その結果、日本が戦争という壊滅的な選択をとることはなかったかもしれない。そこで問題となるのは、時代を的確に見通した両者の言動が戦前日本を救済する可能性をもちながら、なぜ影響力をおよぼすことができなかったのか。両者の思想の問題なのか、それとも当時の政治・社会に問題があったのかということである。

これまでの研究は、両者の問題性よりも弾圧など外的原因を重視する傾向にあったが、近年、両者の思想自体のなかに問題性を求める研究もでてきている。そこで、こうした研究成果を踏まえながら、大正デモクラシーを先導した民主的かつ平和的な思想が凋落した原因をさまざまな視点から考察し、戦前の民主的思想の問題性やその背後にある政治・社会の問題性に光をあてたい。なぜならば、過去の民主主義の歩みを、みつめなおすことは、民主主義をとる今日の政治・社会の発展に有益な叡智《えいち》をえることにつながるからである。

①――大正デモクラシーと美濃部、吉野

美濃部の生涯

美濃部達吉は、一八七三(明治六)年五月七日、兵庫県高砂《たかさご》(現、高砂市)で、漢方医であり漢学者《かんがくしゃ》だった美濃部秀芳《ひでよし》の次男として生まれた。

家は、祖父の代から医業を営み、幕末には姫路藩《ひめじはん》の藩校《はんこう》の申義堂《しんぎどう》教授として苗字《みょうじ》帯刀《たいとう》を許された武士格の家柄だった。申義堂が廃校となったあと、父が医業のかたわら町内の子どもに読み書きを教える月謝で生計を立てていた状態で、家は豊かではなく、兄俊吉《しゅんきち》(朝鮮銀行総裁)も達吉も地域の有力者からの借金によって進学した。高砂小学校、小野《おの》中学、神戸《こうべ》の乾行義塾《けんこうぎじゅく》(イギリス人宣教師の英語塾)で学んだのち、一八八八(明治二十一)年に上京し、第一高等中学校(現、東京大学の教養課程)をへて帝大法科を九七(同三十)年に卒業する。

小学校の同級生によると、子ども時代の美濃部は、同世代の子どもをまるで相手にしない変わり者だったが、小学校を飛び級で卒業するなど神童として評判だった。大学では、憲法講座担当の穂積八束《ほづみやつか》と国法学担当の一木喜徳郎《いちききとくろう》の講

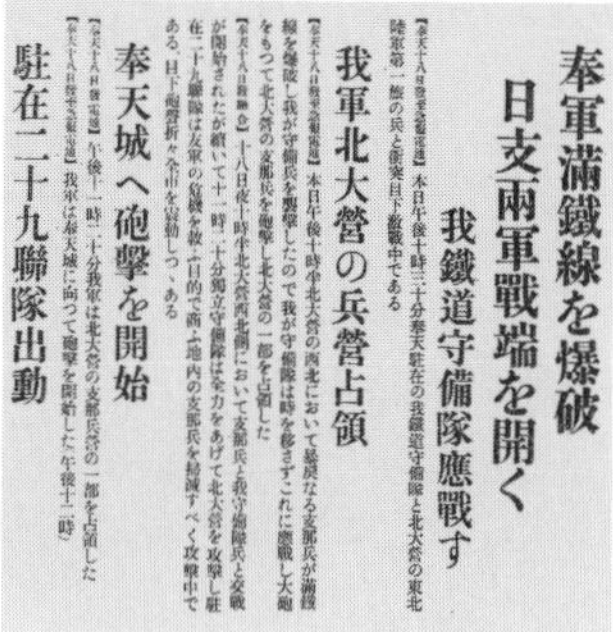
奉軍滿鐵線を爆破
日支兩軍戰端を開く
我鐵道守備隊應戰す
【奉天十八日發至急報電通】本日午後十時三十分奉天駐在の我鐵道守備隊と北大營の東北陸軍第一旅の兵と衝突目下交戰中である
我軍北大營の兵營占領
【奉天十八日發至急報電通】本日午後十時半北大營の西北において暴戻なる支那兵が滿鐵線を爆破し我が守備兵を襲撃したので我が守備隊は時を移さずこれに應戰し大砲をもつて北大營の支那兵を砲撃し北大營の一部を占領した
【奉天十八日發聯合】十八日夜十一時半北大營西北側において支那兵と我守備隊兵と交戰が開始されたが續いて十一時三十分獨立守備隊は全力をあげて北大營を攻撃し駐在二十九聯隊は友軍の危機を救ふ目的で商阜地内の支那兵を掃滅すべく攻撃中である、目下砲聲折々全市を震動しつゝある
奉天城へ砲撃を開始
【奉天十八日發電通】午後十一時三十分我軍は北大營の支那兵營の一部を占領した
駐在二十九聯隊出動
【奉天十八日發至急報電通】我軍は奉天城に向つて砲撃を開始した（午後十二時）

満州事変の発端となった柳条湖事件を報ずる新聞記事（『東京朝日新聞』一九三一〈昭和六〉年九月十九日付）

義を聴いたが、穂積の天皇主権論の「非論理的な独断」に「心服することが出来」ず、一木の講義については、「精緻な論理」に魅了され、もっとも影響を受けたと回顧している（「退官雑筆」一九三四〈昭和九〉年四月『改造』）。

卒業後、内務省《ないむ》にはいるが性にあわず、二年でやめて一八九九（明治三十二）年大学に戻り、ヨーロッパに留学中の一九〇〇（同三十三）年助教授となり、〇二（同三十五）年に教授となり、帰国した。そして、一九一二（明治四十五）年三月に天皇機関説《てんのうきかんせつ》と議院内閣制《ぎいんないかくせい》（政党内閣）論《ろん》を展開した『憲法講話《こうわ》』を出版し、同六月には、同僚で天皇主権論者の上杉慎吉《うえすぎしんきち》との憲法論争が起こったが、美濃部学説が勝利した。勝利のなによりの証拠が、高級官僚の登用試験だった文官任用《ぶんかんにんよう》高等試験（以下、高文《こうぶん》）の出題を行う文官高等試験臨時委員を、美濃部は上杉のほぼ倍の三一回つとめたことである。

美濃部は、自身の学説が国家公認の学説となり、さらに吉野の民本《みんぽん》主義により大正デモクラシーが本格化すると、その影響から経済的格差の是正を視野にいれた「民政《みんせい》主義」を提唱し、新聞や雑誌などで民主化の必要性を説き、普選《ふせん》や政党内閣などの議会・政党中心の政治運営に貢献する。その後、一九三二（昭和七)年に貴族院勅選《きぞくいんちょくせん》議員となる(帝大退職は、三四〈昭和九〉年)。そして、一九三一(昭和六)年の満州事変《まんしゅうじへん》▲や三四(同九)年陸軍パンフレットを徹底批判し、軍部の台頭に対抗するが、三五(同十)年天皇機関説事件が起こり、不敬《ふけい》罪で告発されてしまう。貴族院議員辞職により不起訴となったものの、結局は著書が発禁処分となったうえ、国体明徴声明《こくたいめいちょうせいめい》によって、公的に学説が否定され、政治・社会的立場を失ってしまった。さらに、翌年には右翼《うよく》青年に狙撃され、傷をおった。しかし、敗戦後の一九四六(昭和二十一)年に枢密院顧問官《すうみついんこもんかん》として、新憲法の審議にかかわり、四八(同二十三)年に七五歳でその生涯を終えた。

講義録などを一切みないで緻密な講義をした美濃部は、学生には崇高な存在であり、時事評論でも時の権力にも臆せず持論を主張した、信念の人であった。このように卓越した頭脳と強固な意志の持ち主だった反面、切れ者にありがちな狭量《きょうりょう》さもあった。一例をあげれば、一九二五(大正十四)年の京都学連《がくれん》事件▲で検挙された学生の救済運動への協力を求められた際に、検挙者の一人だった林《はやし》房雄《ふさお》の答案の不出来を理由に断ったことである。美濃部は、謹厳《きんげん》で妥協を許さない、厳父《げんぷ》のごとき大正デモクラシーの指導者であった。

▼**満州事変**　一九三一(昭和六)年九月十八日石原莞爾《いしはらかんじ》ら関東軍《かんとうぐん》参謀が画策した柳条湖《りゅうじょうこ》事件に端を発し、三三(同八)年五月の塘沽《タンクー》協定を結ぶまでの日本による満州(中国東北部)への武力侵攻。軍事行動は、国際的な非難をあび、国際連盟の脱退、さらには中国の反日気運を高めて、日中《にっちゅう》戦争の元凶となった。

▼**京都学連事件**　一九二五(大正十四)年十二月に京都で起きたマルクス主義的な学生団体の学生社会科学連合会(学連)に対する弾圧事件。軍事教練反対運動などを行った学連に対し、当局は京大・同志社《どうししゃ》の学生のほか、東大生などを治安維持法《ちあんいじほう》違反容疑で起訴した。

吉野の生涯

美濃部とは対照的に吉野作造は、おだやかで面倒見がよい慈父《じふ》のような指導者であった。吉野は、美濃部誕生の五年後の一八七八（明治十一）年宮城県古川《ふるかわ》（現、大崎《おおさき》市古川十日町《とおかまち》）に、糸綿商の吉野年蔵《としぞう》の長男として誕生した。富裕な地方の商家の生まれである。父は、新聞・雑誌の取次業を副業とし、自由民権《じゆうみんけん》運動関係の新聞・雑誌を取り扱ってみずからも運動に関与していたので、吉野は民権運動の政治的雰囲気のなかで育った。小・中学校をいずれも首席で卒業した吉野だったが、優秀さを鼻にかけることなく温和な性格で、近所の大人たちが「作さんをみならえ」と子どもたちへの諭し文句にするほどであった。

一八九七（明治三十）年第二高等学校法科（現、東北大学教養課程）に入学し、アメリカ人女性宣教師ブゼルのバイブルクラスをとおしてキリスト教に接し、洗礼を受けた。一九〇〇（明治三十三）年帝大法科政治学科に入学。上京後、海老《えび》名弾正《なだんじょう》▲にであい、人格《じんかく》主義的なキリスト教の影響を受け、大学では、民衆を視野にいれた小野塚喜平次《おのづかきへいじ》▲の政治学「衆民《しゅうみん》主義」に感化され、政治学を志した。一九〇四（明治三十七）年卒業後、生活のため、〇六（同三十九）年に中国に赴き、

▼**海老名弾正**　一八五六〜一九三七年。福岡県出身のキリスト教の指導者、教育家。熊本バンドに参加し、同志社を卒業後に各地を伝道。一八九七（明治三十）から一九二〇（大正九）年まで本郷《ほんごう》教会の牧師となり、吉野をはじめ、鈴木文治《ぶんじ》ら各方面の指導者を育成した。

▼**小野塚喜平次**　一八七〇〜一九四四年。新潟県出身の政治学者。東大卒（頭注では、帝大・京都帝大などを東大・京大と略記）。ドイツ留学後、一九〇一（明治三十四）年東大の政治学講座の最初の専任教授となり、近代的政治学の開拓者となった。対露主戦論の七博士の一人。一九二八（昭和三）年東大総長、貴族院議員。

▼**黎明会**　一九一八（大正七）年十二月に吉野作造、福田徳三《ふくだとくぞう》らの

清《しん》の高官袁世凱《えんせいがい》家の家庭教師や行政官と司法官育成のために設立された北洋《ほくよう》法政専門学堂で法学・政治学の教師をつとめるなど就職の苦労の末、〇九(同四十二)年帝大助教授となった。なお、中国での講義では美濃部の著書を参考にし、一九〇九年十二月の『国家学会雑誌』で美濃部の論文を絶賛していることから、美濃部からの思想的影響も大きかった。助教授就任の翌年から三年間、独・英・米に留学し、一九一四(大正三)年教授に昇進した。

そして、一九一六(大正五)年民本主義を提唱した論文「憲政《けんせい》の本義《ほんぎ》を説いて其有終《そのゆうしゅう》の美を済《な》すの途《みち》を論ず」を発表し、民主的政治・社会の実現をめざす大正デモクラシーの気運を高めた。以後、一九一八(大正七)年変革に共鳴する学者たちの思想団体黎明会《れいめいかい》▲を結成し、麻生久《あそうひさし》・赤松克麿《あかまつかつまろ》など愛弟子たちの新人会《しんじんかい》▲の結成にも尽力した。新人会のなかからは、労働運動や無産政党の指導者が育ち、大正デモクラシーを先導した。その他、東京帝国大学学生基督《キリスト》教青年会(東大YMCA▲)理事長として貧者のための診療所・保育所開設など社会事業も行った。

一九二五(大正十四)年普選法が成立すると、翌年の社会民衆党の結成に尽力

提唱で結成された、大正デモクラシーの普及を目指した啓蒙《けいもう》団体。新渡戸《にとべ》稲造《いなぞう》や大山郁夫ら学者・思想家らの二三人で発足したが、一九二〇(大正九)年に社会主義の流入などによる思想的不一致により解散した。

▼新人会　一九一八(大正七)年十二月に吉野の後援で結成された東大法学部学生を中心とする学生運動団体。赤松克麿・宮崎龍介《みやざきりゅうすけ》らが発起人となり、麻生久や三輪寿壮らが参加した。普選運動や労働運動に関与し、大正デモクラシーを推進した。

▼東大YMCA　一八八八(明治二十一)年五月に、アメリカYMCAより派遣されたジョン＝トランブル＝スイフト・大西祝《おおにしはじめ》・片山潜《かたやません》らによって発足した、日本ではじめての学生のキリスト教青年会。キリスト教精神に基づいた青年への啓蒙や社会奉仕活動を行った。

し、議会をとおした経済的デモクラシーの実現を支援した。また、一九二八(昭和三)年普選実施後には、汚職や金権選挙の原因として政党や民衆批判を展開するが、三〇年代、軍部の台頭やテロによる議会・政党政治の危機には、病身に鞭《むち》打って議会・政党擁護と軍部批判を行った。その最中の一九三三(昭和八)年、日本の行く末を危惧しながら五五歳で永眠した。

大正デモクラシーの時期に右翼団体の浪人会《ろうにんかい》▲からの脅迫にも屈しなかった吉野も、美濃部と同様に、強靭な意志の人であったが、その人柄は、同僚の牧野《まきの》英一《えいいち》が、「よくもあんなに人に対して親切が尽せるとおもうほど、親切な人であった」(「親切と楽天」『故吉野博士を語る』)と回顧したとおり、おだやかであたたかかった。一例をあげれば、窮乏した中国人留学生の支援のため、帝大教授の地位をなげうち給与の高い『朝日新聞』記者に転職したことだが(ただし、枢密院批判の評論を司法当局が問題視し、数カ月で退社)、このような吉野の人柄のよさを物語るエピソードはあげきれないほどである。

美濃部と吉野は、年齢的には先輩と後輩という差があり、研究分野も法律論と政治論、そして性格的にも峻厳と温厚というようにさまざまな違いがありな

▼**浪人会**　一九〇八(明治四十一)年に発足した頭山満《とうやまみつる》・三浦《みうら》梧《ご》楼《ろう》らによる国家主義団体。中国大陸進出のための裏工作のほか、大正デモクラシーへの批判的活動を展開。大正デモクラシーの論陣を張った大阪朝日新聞社の社長の襲撃などを行ったうえ、それを批判した吉野に対しても立会演説会を挑んだが、吉野は敢然《かんぜん》と論破した。

がら、相互に影響しあい、帝大法科教授という共通の立場から、普選や政党内閣など大正デモクラシーの実現とその発展に尽力した生涯だったといえる。

大正デモクラシーとは

美濃部と吉野が生涯をかけた大正デモクラシーとは、どのようなものであり、そのなかでの両者の位置付けはどうだったのか。

デモクラシーは、英語のdemocracyの翻訳語であり、その語源は、ギリシア語の民衆を意味するデモース（demos）と支配を意味するクラテオ（kratia）であるので、民衆による政治、多数者支配を意味する。

大正デモクラシーとは、民衆が政治的存在として注目されはじめた日露《にちろ》戦争後の講和《こうわ》条約反対運動を背景に、第一次世界大戦前後の世界的変革の動きによって本格化した、大戦後を中心とする政治・経済的民主化を求める風潮である。

大正デモクラシーは、政党中心の政治運営の実現の第一段階（一九〇五〈明治三十八〉年からの桂園《けいえん》時代〜第一次護憲《ごけん》運動、米騒動《こめそうどう》▲、寺内正毅《てらうちまさたけ》▲内閣倒壊）をへて、政治的デモクラシーへの取組みの第二段階（一九一八〈大正七〉年原敬《はらたかし》内閣成立〜二

▼**米騒動**　一九一八（大正七）年八〜九月、シベリア出兵による米価の高騰によって困窮した中・下層民が、米価の引下げや安売りを求めて起こした暴動。富山県魚津《うおづ》町の漁民の妻らの騒動を機に全国に広まり、約七〇万人が参加。軍隊によって鎮圧された。

▼**寺内正毅**　一八五二〜一九一九年。長州《ちょうしゅう》藩出身の陸軍軍人・政治家。山県有朋《やまがたありとも》の後継者として、陸相・朝鮮総督《そうとく》などを歴任。一九一六（大正五）年大正デモクラシーのなかで超然《ちょうぜん》内閣を組織し、シベリア出兵を断行。専制政治という非難をあび、米騒動で総辞職した。

五〈同十四〉年普選法の成立)、そして経済的デモクラシーへの取組みの第三段階(一九二六〈昭和元〉年無産政党の成立~三二〈同七〉年五・一五事件による政党内閣の終焉)に進む。つまり、民衆による政治、多数者支配を目指すデモクラシーは、まずは議会・政党が政権の中枢となる「政治の政党化」(三谷太一郎『新版 大正デモクラシー論』)をへて、普選実現を求める政治的デモクラシー(「狭義のデモクラシー」)から経済的格差の是正や解消を求める経済的デモクラシー(「広義のデモクラシー」)へと進化していった(太田雅夫編集・解説『資料 大正デモクラシー論争史』下)。

日露戦後に始まり、第一次世界大戦後にピークを迎える大正デモクラシーにおいて、中心的役割を果たしたのは、(1)尾崎行雄《おざきゆきお》▲・犬養毅《いぬかいつよし》▲など政党政治家、(2)新人会や建設者同盟《けんせつしゃどうめい》▲など学生グループ、そして(3)美濃部達吉や吉野作造・大《おお》山郁夫《やまいくお》・長谷川如是閑《はせがわにょぜかん》など学者やジャーナリストなどの知識人であった。

こうした大正デモクラシーの大きな成果は、政党内閣や普選の実現なので、戦前の政治的民主化を促進したという意味において、今日の民主主義の源流として高く評価できる。だが、その一方で、大正デモクラシーによって生み出さ

▼**尾崎行雄**　一八五九~一九五四年。神奈川県出身の政党政治家。慶應《けいおう》義塾中退。新聞記者などをへて立憲改進党《かいしんとう》に参加。第一回総選挙に当選。第一次・第二次護憲運動で活躍。その後、日独伊三国同盟反対などを展開し、「憲政の神様」と称された。

▼**犬養毅**　一八五五~一九三二年。岡山県出身の政党政治家。慶應義塾中退。新聞記者をへて第一回総選挙に当選。第一次・第二次護憲運動で活躍し、一九二九(昭和四)年政友会《せいゆうかい》総裁となるが、統《とう》帥権干犯問題《すいけんかんぱんもんだい》では浜口《はまぐち》雄幸《おさち》内閣を攻撃した。一九三一(昭和六)年首相となり、満州国承認をしぶり、三二(同七)年五・一五事件で殺害された。

▼**建設者同盟**　早稲田《わせだ》大学学生を中心とする社会運動団体。新人会の影響で結成された民人《みんじん》同盟会を脱退した浅沼稲次郎《あさぬまいねじろう》・稲村隆一《いなむらりゅういち》らを中心に一九一八(大正七)年に結成され、農民運動家を輩出した。一九二六(昭和元)年無産政党参加をめぐって対立し、解散。

れた政党内閣はわずか十数年で凋落《ちょうらく》したので、結果的には、大正デモクラシーは軍部の台頭や戦争を阻むことができなかったのも事実である。それはなぜか。

結論からいえば、原因は大正デモクラシーの担い手たちにあった。まず、政党政治家たちは、汚職事件や政権保持や獲得のためのスキャンダルあばき合戦や選挙干渉や買収などで、議会や政党への信頼を失わせ、軍部の台頭を招いたので、その責任は大きいといわざるをえない。さらに、(2)の麻生ら新人会出身の社会大衆党議員などは、軍部と手を結び、みずから破壊者となった。(3)の美濃部や吉野などの知識人は、政党内閣など民主化を推進する言論を展開したが、その影響力は十分とはいえず、政党政治の凋落をくいとめられなかった。登場人物たちにはそれぞれ問題があったのだが、とりわけ重要なのが美濃部と吉野だった。

なぜなら、美濃部は、第一次護憲運動など大正デモクラシー黎明期に、吉野は開花期の第一次世界大戦前後に、それぞれ大正デモクラシーの中核的な思想(天皇機関説・民本主義)を提唱し、大正デモクラシーを先導したからであり、また政党政治を凋落させた新人会の教育者でもあったからである。

大正デモクラシーの背景

日露戦後から始まり、第一次護憲運動によって顕著になっていった民主的な政治を求める動きは、第一次世界大戦後の国内外で生まれたあらたな状況によって一気に本格化する。そして、あらたな状況は大正デモクラシーの背景として、それを特徴づけていったので、両者の民主化論をみるうえで重要なのでみておきたい。

大正デモクラシーに影響をあたえた海外的背景とは、⑴総力戦の第一次世界大戦の勝敗の結果、⑵ロシア革命とドイツ革命である。

まず、⑴の第一次世界大戦の勝敗の影響とは、アメリカ・イギリスなどの勝利の原因が普選や議会重視の民主的国家体制にあり、対するドイツの敗北が君主専制にあるという認識に基づいて、国家主義的観点から普選などの政治的な民主化の必要性を訴える主張が、既成政党政治家(野党の憲政会《けんせいかい》と国民党)からなされたことである。こうした主張は、第一次世界大戦のインパクトが広まる一九一九(大正八)年一月に、憲政会の幹部島田三郎《しまださぶろう》▲が、党機関紙『憲政』に掲載した評論「自由主義の勝利と戦乱の教訓」で展開したことを皮切りに、翌年になる

▼**島田三郎**　一八五二〜一九二三年。旗本《はたもと》出身の政党政治家。昌平坂学問所《しょうへいざかがくもんじょ》で学び、『横浜毎日新聞』の主筆として民権論を主張。一八七五(明治八)年元老院《げんろういん》に出仕するも、明治十四(一八八一)年の政変でやめ、立憲改進党《りっけんかいしんとう》に参加。第一回総選挙で当選後、さまざまな政党に所属しながら、雄弁家として活躍。

と第四十二議会での憲政会・国民党などの野党が提出した普選法の理由説明という形で議会においても展開された。そこで主張されたのは、政治的権利をより多くの民衆にあたえて国家への関心や愛着心を高めることが国家の発展には不可欠という国家的視点からの普選論だった。こうした民衆軽視の国家優先の民主化論は、大正デモクラシーの一つの特色として民主化の進展に影を落とす一方で、国家優先の日本の政治的土壌のなかでの民主化に対する抵抗感を緩和し、民主化を推し進める効果を発揮していく。

つぎに、(2)のロシア革命とドイツ革命も、日本における政治的民主化、さらには経済的な民主化の動きを推進させた。ロシアでは、革命が、一九一七年の労働者による大規模ストライキをきっかけに拡大し、ニコライ二世が退位しロマノフ王朝が滅びた三月革命とソヴィエト新政府が樹立された十一月革命によって成功をおさめた。ドイツでは、一九一八年の第一次世界大戦の敗戦を契機に、ロシア革命の影響から社会主義が急速に広まり、十一月革命が起こり、ヴィルヘルム二世が退位して社会民主党政権が成立した。こうした専制的体制と戦争の影響を受けて成功した二つの革命は、日本に大きな影響をおよぼした。

まず、君主《くんしゅ》制が倒れた両革命は、同様に君主制をとる日本への脅威と深刻に受けとめられ、民主化を推進していく一因となった。その好例が上杉慎吉など、かつて普選などの政治的民主化に強硬に反対していた保守的論客ですら、革命を回避し、天皇や現体制を保持するために普選論に転じたことである。そして、同様の発想は、あとでみていく美濃部や吉野の民主化論のなかにもあり、両者の国家主義的傾向とともに、二つの革命の衝撃の強さを物語っている。

このような保守的発想とは対極に、ロシア革命を日本での社会主義実現を保証するものと受けとめ、権力者となる夢をいだいて、社会主義変革の渦に飛び込んだ人びともいた。新人会のメンバーである。無産政党の社会大衆党の議員となった三輪寿壮《みわじゅそう》▲の伝記において、三輪が「社会運動に投じ」たのは、ロシア革命に刺激されたからだと明言されているとおりである。このように新人会のメンバーの多くは、権力者となる野心が社会主義への参入の動機だったため、議会をとおした民主的方法による変革の取組みが行き詰まると、一九三〇年代から国家社会主義に転じ、民主主義を凋落させる役割を演じていくのである。

さらに、こうした対外的な背景に刺激されて起こった大正デモクラシーの国

▼**三輪寿壮**　一八九四〜一九五六年。福岡県出身の弁護士・社会運動家・政治家。新人会から友愛《ゆうあい》会《かい》にはいり、日本労農党書記長や社会大衆党会計などを歴任。一九三七(昭和十二)年に初当選するも、新体制運動への関与など議会否定に転じ、戦中に産業報国会《ほうこくかい》理事をつとめ、敗戦後公職《こうしょく》追放《ついほう》。解除後、日本社会党に復帰し、左右の統一に尽力。

内的背景とは、一九一八(大正七)年の米騒動の発生と初の政党内閣の原敬内閣の誕生である。米騒動の発生は、軍閥《ぐんばつ》寺内正毅内閣の倒壊をもたらし、原内閣を誕生させたが、こうした民衆の暴動をきっかけとした政党内閣の誕生は、民衆の時代の幕開けを人びとに知らしめ、大正デモクラシーを促進させていった。

このような国内外の民主化の本格化を思わせる動きは、民主化の先駆者である美濃部と吉野を刺激し、さらに両者は、こうした動きに触発された政治家や学者や学生たちの先導者として、みずからの目指す政治実現に心血をそそいでいく。

東京大学の変遷図

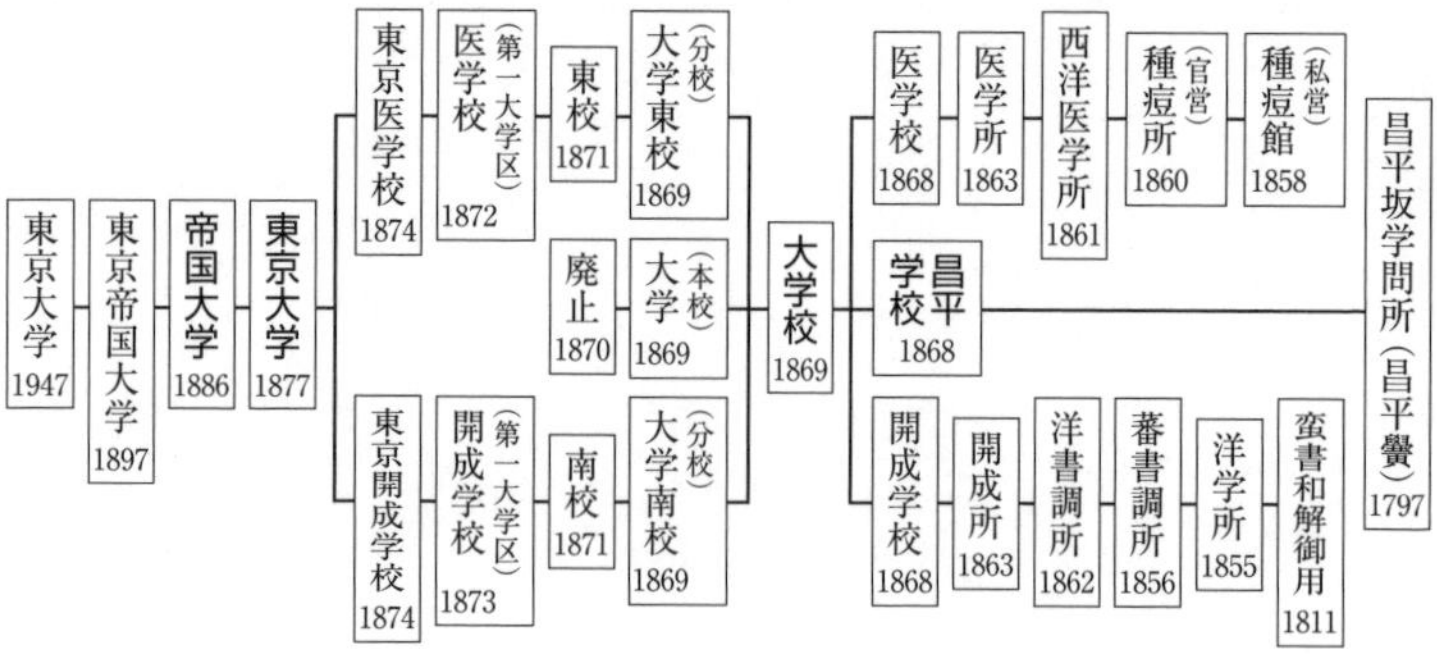

②—帝大教授としての美濃部と吉野

東京帝大法科大学

美濃部と吉野は大正デモクラシーの中心的役割を果たしていくが、その影響力や言説を理解するためには、両者が所属した東京帝大法科大学教授という社会的地位とそれに対応した両者の自己認識を探る必要がある。

言論の影響力は、発する人の社会的地位に左右される傾向があり（高学歴者や成功者の主張は、一般に傾聴《けいちょう》に値するとされる）、言論は、発する人が所属する社会集団の国家・社会的位置付けとそれに由来する社会的地位や使命感などによってつくられる自己認識に基づくものである。また、国家のための大学と認知されてきた帝大から、なぜ一見国家と対立する大正デモクラシーの中核的な人材が輩出されたのかも大きな疑問である。実は両者の民主化論の問題性を解くカギもそこにあるので、帝大の位置付けを踏まえ、両者の自己認識をみておきたい。

帝大は、旧幕府《ばくふ》の昌平坂学問所《しょうへいざかがくもんじょ》と洋学《ようがく》機関だった開成所《かいせいじょ》と医学所《いがくしょ》を起源に、一八七七(明治十)年に創設された東京大学を前身に、八六(同十九)年帝国大学として森有礼《もりありのり》▲文相時代に創設された。東京帝国大学という名称になるのは、京都帝国大学が創設された一八九七(同三十)年である。前身の東京大学は、高級官僚への道が約束された特権的な教育機関ではなかった。この時期には、司法《しほう》省が司法省法学校、工部《こうぶ》省が工部大学校《だいがっこう》、農商務《のうしょうむ》省が札幌《さっぽろ》農学校・駒場《こまば》農学校など、官庁がそれぞれの人材養成機関をもっていたので、就職も不利で不人気だった。しかし、帝国大学令により帝国大学に名称を改めてから、特権的大学へとその性格を変える。

特権的な帝国大学は、明治憲法構想と連動する形で、初代内閣総理大臣伊藤《いとう》博文《ひろぶみ》▲と文相森によって構想された。伊藤は、一八八二(明治十五)年から憲法調査のために渡欧したが、師事したウィーン大学のシュタイン▲から、君権《くんけん》主義的憲法論とともに、学問と官僚養成によって国家を支える大学の創設の重要性という国家構想についての二つの助言を受け、それを実現したのが帝国大学であった。

誕生した帝国大学は、帝国大学令の第一条に「帝国大学ハ、国家ノ須要《しゅよう》ニ応

▼森有礼　一八四七〜八九年。薩摩《さつま》藩出身の政治家。藩命で英米留学後、駐米公使などを歴任し、明六社《めいろくしゃ》の設立にもかかわり、近代化のための啓蒙《けいもう》活動に尽力。一八八五(明治十八)年第一次伊藤内閣で文相をつとめ、近代的教育制度の確立に尽力するも暗殺された。

▼伊藤博文　一八四一〜一九〇九年。長州《ちょうしゅう》藩出身の政治家、初代総理大臣。吉田松陰《よしだしょういん》の松下村《しょうかそん》塾《じゅく》に学んだ。教育制度のほか、内閣制度・華族《かぞく》制度・明治憲法制定など、近代的国家制度確立の功労者。初代韓国統監《とうかん》となり、朝鮮独立運動家に暗殺された。

▼シュタイン　一八一五〜九〇年。オーストリアの公法・行政学者。一八五五年ウィーン大学教授となり、君権的立憲主義を展開。平明なシュタインの講義は伊藤博文を惹きつけ、憲法など諸制度制定に大きな影響をあたえた。

スル学術技芸ヲ教授シ、及其蘊奥《そのうんおう》ヲ攻究《こうきゅう》スルヲ以《もっ》テ目的トス」というように、国家のための大学であることが性格づけられた。こうした帝大でもっとも重視され、特権をあたえられたのが、美濃部と吉野が学び教授をつとめた法科であった。

なぜなら、法科は国家官僚を育成し、国家権力を高める法理論や政治理論を生成する役割を担ったからである。また、特権的だったことは、一八九四（明治二十七）年まで法科卒業生に対して高級官僚の登竜門の高文《こうぶん》を実質的に免除したことからいえるが、これはモデルとしたドイツの大学にもない破格の特権であった。

帝大教授の社会的位置

国家から特権的地位をあたえられた帝大に対しての社会的評価も当然高かった。

社会的評価の高さの原因には官尊民卑《かんそんみんぴ》の時代の気風があったが、当時の教育制度も関係していた。超エリートコースの帝大への進学コースは、尋常小学校

（六年）―中学校（四〜五年）―高等学校（三年＝今の大学の教養課程）―大学（三年）だったが、帝大進学を約束された高等学校への進学率は戦前全体をとおして一％に満たなかった。

　きわめて少数だった帝大生や高等学校学生は選びぬかれたエリートとみなされ、破格の優遇を受ける存在であった。有名なのは、一高生と踊り子のあわい恋物語を描いた川端康成《かわばたやすなり》の小説『伊豆《いず》の踊り子』である。川端の体験に基づく小説のなかで、一高生が周囲の人びとから「だんなさま」として、うやうやしく扱われていたことを不思議に思った人も多いのではないだろうか。また、吉野の弟子で新人会《しんじんかい》の林要《はやしかなめ》は伊豆の温泉にいった際に、地域の有力者の代議士夫妻よりも上等の部屋にとおされたという。同様のエピソードは、ほかのメンバーの回想や伝記にもあり、とくに法学部への評価は高かった。したがって、帝大および帝大学生は羨望《せんぼう》のまとであり、当然、教師の社会的地位や評価もきわめて高いものだった。

　帝大教授の地位は、国家官僚としては次官と同等な地位の勅任官《ちょくにんかん》という高官であり、収入も一九二〇〜三一（大正九〜昭和六）年で年俸が一八〇〇円から四五〇〇円で、小学校教員の年俸四八〇円(二〇〈大正九〉年)の約三・八〜九・四倍の額の高給であるうえ、その他、政府関係の委員(高文試験委員など)の報酬、原稿料などの副収入をいれると、かなりの高収入であった。実際、美濃部の天《てん》皇機関説事件《のうきかんせつ》により公職《こうしょく》を退く前の全盛期(大正から昭和初期)の収入は、月五〇〇〇円ぐらいで年額約六万円だった。現在の貨幣価値に換算するのはむずかしいが、当時の内閣総理大臣の年俸が一万二〇〇〇円だった点から考えると莫大な収入だったといえよう。また、吉野も一九一七(大正六)年の収入が、帝大教授の年俸二〇八六円に原稿料などを加えて総額五六六〇円だったが、年々増加し、二二(同十一)年には一万三九八九円の収入となり、「学者商売も案外カネになるよ」と弟の信次《しんじ》(商工官僚から商工大臣)に語っていた(吉野信次『商工行政の思い出』)。

このように、国家の高官であり経済的にもめぐまれた帝大教授は、「末は博士か大臣か」という言葉があったように、人びとから立身出世の到達点と目され、尊敬と羨望の対象だった。当然、その言動が人びとにあたえる影響力は絶大であった。

帝大法科教授、美濃部と吉野の自己認識

帝大法科教授は、国家の発展に寄与する国家官僚の一員として、国家から格別の庇護を受けた存在だったが、美濃部と吉野が一見、国家と対立する民主的な法律論・政治論を展開したのはなぜか。こうした主張は、帝大教授の立場と矛盾しなかったのかという疑問がわいてくる。結論からいえば、両者ともに、国家を発展させていく役割を果たすべきであるという帝大法科教授としての強い自己認識をもっていたので、矛盾はしなかった。

美濃部については、一九二〇（大正九）年の森戸《もりと》事件と三三（昭和八）年の滝川《たきがわ》事件の際の発言にこうした自己認識を認めることができる。両事件とも、帝大教員に対しての国家権力による言論弾圧事件だったが、それは、事件の当事者はもちろん、周辺の帝大教員たちにとっても、国家か研究か、国家を優先する官僚の立場をとるのか、学問に殉じる学者の立場をとるのかを、厳しく問われる事態であった。

森戸事件は、帝大経済学部助教授森戸辰男《たつお》▲が経済学部の雑誌『経済学研究』に掲載した無政府主義者のクロポトキンに関する論文が国家を否定する不穏当な

▼**森戸辰男**　一八八八～一九八四年。広島県出身の経済学者。東大卒。森戸事件で東大を辞職後、大原《おおはら》社会問題研究所にはいり、労働者教育をとおして社会運動にも貢献。戦後は日本社会党衆議院議員となり、一九四八（昭和二十三）年片山哲《かたやまてつ》・芦田均《あしだひとし》内閣で文相をつとめた。

論文として、森戸や編集責任者の大内兵衛《おおうちひょうえ》▲が処罰された事件である。

経済学部教授会が森戸や大内の休職を決議したことに対して、吉野や京都帝大教授の佐々木惣一《ささきそういち》▲など多くの学者が経済学部の対応を批判したが、美濃部は、事件直後、『太陽』に「森戸大内両君の問題に付いて」を発表し、そこで、「学問の自由を侵し思想の自由を妨げたものではなく、大学の教官としての地位に不適任であることを認定したもの」と森戸の主張が国家官僚としての大学教授の責務を逸脱したものと断じ、休職処分を正当化した。一見、このような美濃部の主張は国家官僚としての帝大教授という原則論的な立場に立った体制よりにもみえるが、次の滝川事件での主張をみると、単なる原則論ではなく、学問という客観的で広い視野から、真の意味で国家の発展に寄与し、その責務を果たそうとしていたことがわかる。

滝川事件は、一九三三年京都帝大教授の滝川幸辰《ゆきとき》▲の著書『刑法読本』が共産主義的という理由で、滝川が文部省により休職処分を受け、失職した事件である。美濃部は、帝大教授の役割と責務を明確にしたうえで、滝川への処分が教授会や総長など大学側の意向を無視して強行された不当なものであると文部省を強

▼**大内兵衛**　一八八八～一九八〇年。兵庫県出身の経済学者。東大卒。森戸事件で退官後、一九二二（大正十一）年に復職。労農《ろうのう》派の理論家として活躍するも一九三八（昭和十三）年に人民戦線《じんみんせんせん》事件で検挙され休職。戦後復職し、平和問題・憲法問題で活躍し、戦後民主主義をリードした。

▼**佐々木惣一**　一八七九～一九六五年。鳥取県出身の憲法学者。京大卒業後に教授となり、天皇機関説論者として西の美濃部と称された。滝川事件に抗議し、京大を辞して立命館《りつめいかん》大学に移った。戦後、美濃部と同様に日本国憲法《にほんこくけんぽう》の審議に参加した。

▼**滝川幸辰**　一八九一～一九六二年。岡山県出身の刑法学者。京大卒業後、京都地裁判事をへて、京大教授となり、人道《じんどう》的な立場からの刑法を『刑法読本』（一九三二〈昭和七〉年）などで展開した。事

件で辞職後、弁護士を開業し、戦後復職して京大総長をつとめた。

脅かされる「學の自由」
京大滝川教授の辭職强要に
法科教授結束を固む

滝川事件を報じる新聞記事（『帝国大学新聞』一九三三〈昭和八〉年五月十五日付）

く批判した。

美濃部は、『帝国大学新聞』五月号の「滝川教授の問題」で、「大学令第一条にも示されて居る通り、人格の陶冶《とうや》及び国家思想の涵養《かんよう》に留意すべき義務を負うて居る」大学教授がそれに反する行動をとった場合は、「政府の権力」によって、「強制的に罷免」されても「やむを得ない」と森戸事件と同様の帝大教授の責務を強調した。その一方で、美濃部は、帝大教授の責務は、国家肯定の立場を堅持しながらも、盲目的に現国家体制を支持するのではなく、「時の政府の政策によつて拘束せらるることなく、専ら学問的の良心に従つて」、「真理」を追究し、その成果を国家発展に反映することと主張した。そして、反国家的か否かの判定は、高度な知識を有する「学問に従事して居るもの」にしかできないので、教授会や総長の判断に反した文部省の決定は不当と主張した。このように、美濃部の帝大教授としての自己認識は、国家の発展に寄与しなければならないという大学令第一条に基づいた国家官僚としての自覚をともなうものだった。ただし、それは、現前の国家の利益を固守する偏狭なものではなく、学問という客観的で広い視野に立ったものだった。

この点は吉野も同様であり、それは森戸事件への言動にあらわれていた。田澤晴子氏によれば、吉野は、森戸の言説が反国家的言説ではなく、むしろ国家の向上に有意義な学問的言説であるという滝川事件での美濃部と同様の論理から森戸擁護を行ったうえ、言論だけではなく、森戸擁護の演説会や裁判の特別弁護人を引き受けるなど行動面にもわたる全面的な支援を展開したのである。

両者の森戸の言動に対しての評価は異なるが、両者とも国家の現状を無条件に容認するのではなく、学問に裏づけられた理想の国家像に基づいて国家の現状を批判することこそが、国家の発展に寄与する帝大教授としての責務を果たすことになるという共通の認識をもっていたのである。

このように両者の自己認識は、国家の発展に寄与する帝大教授の責務を果たさなければならないというものだった。ゆえに、これからみていく両者の、一見、国家と対立するかに映る民主的な主張も国家の発展を目的とした見地からだと考えるなら、国家に奉仕する帝大教授の立場と矛盾なく両立できるものだった。

③—美濃部の天皇機関説

明治憲法と明治憲法体制

美濃部や吉野など議会・政党政治を中心とする民主的な政治を正当化する人びとにとって、なんとしても乗りこえねばならないハードルがあった。君権《くんけん》的な性格が強い明治憲法とそれを中心とする現実の体制の明治憲法体制である。

明治憲法は、一八八九(明治二十二)年二月十一日、天皇によって国民にあたえられる欽定《きんてい》憲法という形式で発布された。制定では、君主《くんしゅ》の権限(大権《たいけん》)が強いプロイセンの憲法が参考にされたので、明治憲法は、君主の権限を重視する君権主義的な性格をもった。

明治憲法の条文の抜粋をみると、冒頭の第一条と第三条では君権主義と神聖《しんせい》不可侵《ふかしん》性が規定され、天皇が主権者として絶対的権限を保持する神権《しんけん》的専制《せんせい》君主的な国家像が前面に押し出されていた。その一方で、第四条と五条では、天皇は「憲法ノ条規《じょうき》」に従い、立法《りっぽう》においては「帝国議会ノ協賛」を要すると規定され、憲法の規定に制約を受ける制限君主としての天皇が中心となる立憲《りっけん》君主国家という側面も盛り込まれていた。

このように、明治憲法は専制君主と立憲君主の両側面をもちながら、憲法の条文の順序が示すように神権的専制君主が主で、立憲君主が従であった。それは、次ページ上の国家機構図のとおり、条文上は内閣、帝国議会、陸・海軍など諸国家機関は、それぞれ横のつながりをもたずに天皇に直属し、天皇によって国家意思の統合される君主中心主義が貫かれていた。このような条文上にあらわれた神権的な専制君主としての天皇像が、久野収氏のいうところの顕教《けんぎょう》（建て前）として、初等・中等教育、軍部において教えられ、民衆への浸透がはかられた。

たしかに建て前では専制的天皇像が前面にだされて、民衆に強調されたが、実際の憲法の運用では、天皇が政治に積極的に主権（統治権。以下、主権と表記）を行使せず、憲法とさまざまな国家機関とそれらの意思調整を行う元老《げんろう》の助言に従い、受動的に主権を行使するという立憲君主的な形態の明治憲法体制がとられた。それは、実際の政治権力を、明治期は藩閥《はんばつ》・軍閥《ぐんばつ》勢力、大正期から昭和初期（一九三二〈昭和七〉年犬養毅《いぬかいつよし》内閣）までは政党勢力、それ以降は官僚や

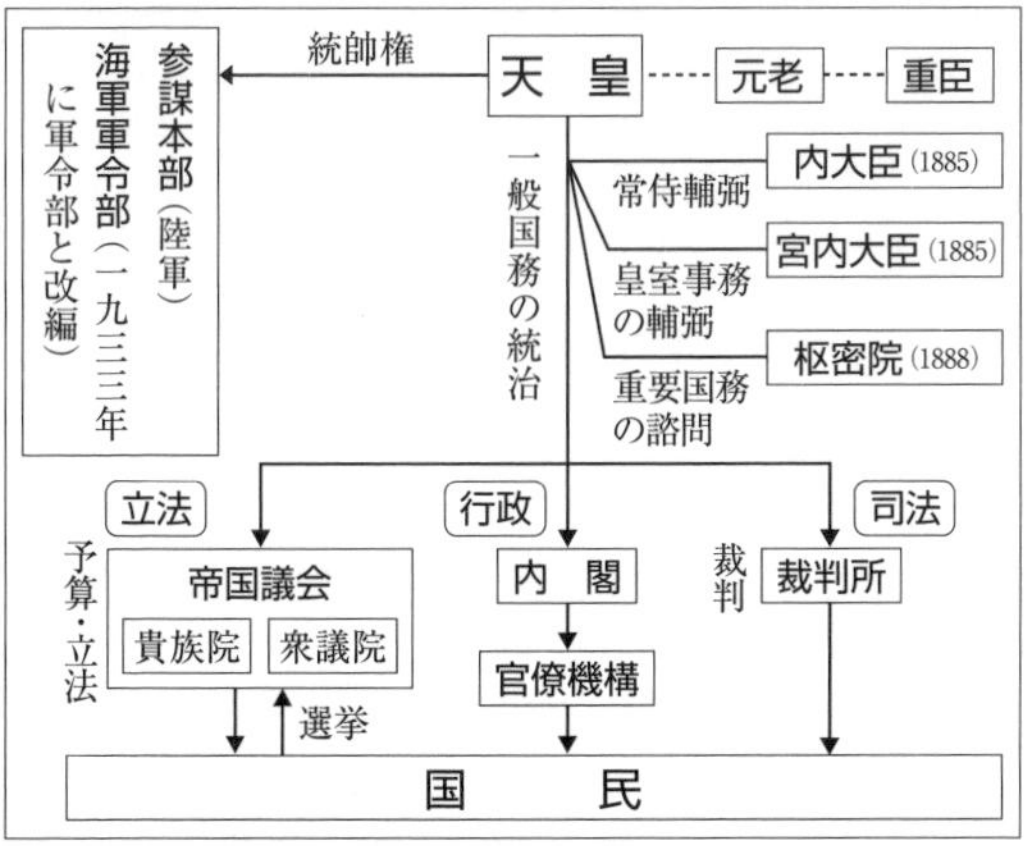

大日本帝国憲法下の国家機構

大日本帝国憲法（抜粋）

第一条　大日本帝国ハ万世一系《ばんせいいっけい》ノ天皇之ヲ統治ス

第三条　天皇ハ神聖ニシテ侵《おか》スヘカラス

第四条　天皇ハ国ノ元首ニシテ統治権ヲ総攬《そうらん》シ此ノ憲法ノ条規ニ依リ之ヲ行フ

第五条　天皇ハ帝国議会ノ協賛ヲ以テ立法権ヲ行フ

第六条　天皇ハ法律ヲ裁可シ其ノ公布及執行ヲ命ス

第十条　天皇ハ行政各部ノ官制及文武官ノ俸給ヲ定メ文武官ヲ任免ス……

第十一条　天皇ハ陸海軍ヲ統帥《とうすい》ス

第十二条　天皇ハ陸海軍ノ編制及常備兵額ヲ定ム

第十三条　天皇ハ戦ヲ宣シ和ヲ講シ及諸般ノ条約ヲ締結ス

第二十七条　日本臣民ハ其ノ所有権ヲ侵サルルコトナシ……

第二十九条　日本臣民ハ法律ノ範囲内ニ於テ言論著作印行集会及結社ノ自由ヲ有ス

第三十三条　帝国議会ハ貴族院衆議院ノ両院ヲ以テ成立ス

第三十七条　凡テ法律ハ帝国議会ノ協賛ヲ経ルヲ要ス

第四十一条　帝国議会ハ毎年之ヲ召集ス

第五十五条　国務各大臣ハ天皇ヲ輔弼《ほひつ》シ其ノ責ニ任ス……

第六十四条　国家ノ歳出歳入ハ毎年予算ヲ以テ帝国議会ノ協賛ヲ経ヘシ……

第七十一条　帝国議会ニ於テ予算ヲ議定セス又ハ予算成立ニ至ラサルトキハ政府ハ前年度ノ予算ヲ施行スヘシ　（『官報』）

陸軍というように、天皇ではなく、その時々に有力な勢力が担い、元老がその他の勢力との調整を行うことにより国家意思を決定する仕組みであった。したがって、原理的には各勢力の競合を生みやすく、政治的なバランスを保つのがむずかしかったため、元老が衰退する昭和期以降に政治的混乱が起きていく。

こうした現実の体制である明治憲法体制は、進学率一％未満の旧制高等学校などの高等教育で教えられ、限られた指導者層（官僚・政治家・学者など）のみが知るものだった。久野氏がこれを「密教《みっきょう》」と呼んだごとく、秘密の教義のようなものだった。

では、ここで問題となるのは、なぜ近代日本国家は、専制君主と立憲君主、建て前と本音という矛盾する二重構造をとったのか。それは指導者層たちが神格的な絶対者としての天皇の権威を利用して民衆を自在にコントロールし、国家の発展をはかろうとしたからである。

民主的政治を目標とする美濃部と吉野は、二重構造をもつ明治憲法の枠組みのなかで、議会・政党を中心とする政治の正当性を論理的に説明づける必要があった。美濃部は天皇機関説《てんのうきかんせつ》という法律論から、吉野は民本主義《みんぽん》という政治論から、君権的な明治憲法と多元的な明治憲法体制の民主的解釈を試み、旧来の寡頭《かとう》勢力（藩閥・軍閥）が掌握していた現体制を批判し、民主的な政治運営の実現を目指していった。

美濃部以前の帝大法科大学の憲法学説

美濃部の民主化論である天皇機関説は、立憲君主制の明治憲法体制を正当化する学説で美濃部の前からすでに提唱されていたが、それを民主的理論へと発展させたのが美濃部の学説だった。また、国家のための大学であった東京帝大法科では、一方で専制君主を正当化する憲法学説の天皇主権説の教授、研究も行われていた。そこで、美濃部の学説の特徴をよく理解するために、美濃部以前の二つの学説を簡単にみておきたい。

専制君主を正当化する天皇主権説の代表的論者は、穂積八束《ほづみやつか》▲だった。天皇主権説とは、国土や国民を支配する権力である主権（統治権）が君主や国民やさまざまな国家機関で成り立つ法人である国家ではなく、究極的には天皇個人にあるとし、「天皇即チ国家」と天皇を、国家を超越する存在として、憲法にとらわ

▼**穂積八束**　一八六〇〜一九一二年。伊予《いよ》国出身の憲法学者。東大卒。ドイツ留学をへて、一八八九（明治二十二）年教授となり、憲法講座を担当。神権的天皇主権説を提唱し、弟子の上杉慎吉とともに、美濃部の天皇機関説を攻撃した。一八九〇（明治二十三）年公布のフランス流民法をめぐる民法典論争の施行反対論の中心的人物でもあった。

れずに無制限に権力が行使できる専制君主と位置づける学説である。簡単にいえば、主権や国家は天皇個人のものなので、天皇は主権の主体として自由に権力をふるうことができるというのである。こうした天皇主権説の主眼は、天皇の地位温存と権力強化をはかることなので、さらに穂積はこれらの目的を果たすために、国体政体《こくたいせいたい》二元論と政党内閣違憲論という周到な論理を展開した。

まず、国体政体二元論とは、主権を動かす仕組みの「政体」は、時代によって、「専制政体」や「立憲政体」というように、さまざまに変遷していくが、天皇中心の体制である「国体」は、永遠に変わらないとする国家体制論である。こうした議論は、加藤弘之《かとうひろゆき》▲の『国体新論《こくたいしんろん》』、一八七九（明治十二）年の元《もと》田《だ》永孚《ながざね》▲の国会開設の意見書などでもなされていたが、憲法学において理論化したのが穂積である。

もともと、「国体」は、ドイツ憲法学に由来する各国の国家体制を意味する学術用語だったが、穂積は主権の所在によって国家体制を分類する用語とした。主権の所有者が君主なら「君主国体」、民衆なら「民主国体」となる。一方の「政体」は、「専制政体」「立憲政体」など、主権をどのように動かすのかという主権運用（政治）の形態から国家体制を分類する用語である。穂積は、この「国体」と

▼**加藤弘之**　一八三六〜一九一六年。出石《いずし》藩出身の思想家。佐久《さく》間象山《しょうざん》などに学び、蕃書調所《ばんしょしらべしょ》の教官をつとめ、維新《いしん》後、侍講《じこう》・東大初代綜理《そうり》を歴任。『国体新論』では、天賦人権論を掲げ、明六社《めいろくしゃ》の一員として啓蒙《けいもう》活動を行ったが、一八八一（明治十四）年『人権新説』で社会進化論に転じ、民権論反対論者となった。

▼**元田永孚**　一八一八〜九一年。熊本藩《はん》出身の儒学者《じゅがくしゃ》・政治家。藩校《こう》時習館《じしゅうかん》に学び、維新後、侍講・宮中顧問官《きゅうちゅうこもんかん》などを歴任。天皇親政《しんせい》運動など天皇中心の政治や教育を目指し、教育勅語《きょういくちょくご》の起草に携わった。

「政体」を組み合わせ、日本を、「君主国体」で「立憲政体」と二元論的に定めたうえで、「国体」は不変、「政体」は可変という命題をつけ、天皇の地位を政治体制から切り離し、永遠のものとすることにより天皇の地位を不動にしようとした。

つぎに、政党内閣違憲論は、衆議院第一党の党首(民衆の代表)が内閣を組織する政党内閣は司法・行政・立法の三権のうち、立法権と行政権を民衆に掌握させるものなので、実質的には、「君主国体」を「民主国体」に変質させるから違憲だという主張である。このような政党内閣を否定し、政党を排除する穂積の主張は、議会開設後の天皇権力の保守をはかるとともに、天皇主権を旗印に、政党排除の超然《ちょうぜん》内閣による政治運営を目指す藩閥勢力に有利な議論でもあった(長尾龍一『日本憲法思想史』)。

天皇を国家よりも上位におき、憲法にも拘束されない絶対的な存在とする天皇主権説は、まさに天皇の権威により民衆を従わせる条文上の明治憲法(顕教)を憲法学的に正当化したものであった。事実、学説提唱者の穂積とその後継者の上杉慎吉《うえすぎしんきち》▲は、初等・中等教育の教科書の編集や陸軍大学校や海軍大学校の教授をつとめ、顕教教育の担い手となっていった。

上杉慎吉

▼上杉慎吉　一八七八～一九二九年。福井県出身の憲法学者。東大卒。天皇主権説論者の穂積八束の後継者として、一九一二(大正元)年教授。美濃部や吉野の民主化論の攻撃の先頭に立ち、国家主義的学生団体の興国同志会《こうこくどうしかい》の育成など国家主義的実践活動も行った。

一方で天皇機関説は、美濃部だけではなく、末岡精一《すえおかせいいち》▲・一木喜徳郎《いちききとくろう》▲ら、同じく帝大の憲法学者が提唱した学説である。なかでも一木は美濃部の師であり、なによりも文官高等試験臨時委員と法制局長官を兼任した代表的な憲法学者なので、一木に注目して天皇機関説をみていく。

天皇機関説とは、国家を、君主・国民・内閣・議会・官庁などのさまざまな機関で形成された共同的団体（法人）とすることにより、国土・国民を支配する主権も天皇個人ではなく、法人の国家に帰属すると断じ、天皇も他の国家機関と同様に、国家の最高機関（主権行使の中心を担う主権者）として、憲法の範囲内で主権の行使（国家意思の決定）に携わる限定的な存在とする制限君主的な憲法学説である。人間の体にたとえるとわかりやすい。人間の体全体が国家で、頭が一番中心の機関の主権者（戦前は天皇で天皇主権、戦後は国民で国民主権）で、手足や各臓器が国家の諸機関（内閣・議会・官庁・国民など）となる。なお、天皇機関説は国家法人説、国家主権説ともいうが、ここでは歴史用語として一般的な天皇機関説を使う。

天皇機関説は天皇の権限を限定することに主眼がおかれた学説といえるが、

▼末岡精一　一八五五〜九四年。周防国《すおうのくに》出身の憲法学者。東大卒。一八八二（明治十五）年憲法制定準備のため、ドイツ・オーストリアに留学後、教授となり、『憲法義《ぎ》解《げ》』の作成に参加。天皇機関説に基づく立憲主義的憲法解釈を担ったが早世した。

▼一木喜徳郎　一八六七〜一九四四年。静岡県出身の法学者・官僚・政治家。東大卒。内務《ないむ》省にはいり、法制局長官と東大教授を兼任。天皇機関説を提唱し、山県有朋《やまがたありとも》ら藩閥勢力に重用され、文相・内務相を歴任。山県死後、西園寺《さいおんじ》公望《きんもち》にも認められ、宮内《くない》大臣・枢《すう》密院《みついん》議長をつとめ重臣の一人となるが、天皇機関説事件では排撃派の攻撃対象となり、一九三六（昭和十一）年退任した。

どのように限定されるかは、憲法解釈によって定まる。一木らは、第五十五条の国務大臣の輔弼《ほひつ》条項に注目し、天皇の権力行使は国務大臣によって合憲か否かの「審査」をへてなされるもので、もし違憲と判断した場合は、大臣は天皇の意向を拒否できるとして、国務大臣、内閣が天皇よりも政治的に強いものと位置づけた。要するに、国務大臣が組織する内閣が国家政治の主導権を握る内閣政治を主張したのである。ただし、内閣の天皇からの独立を説く一方で、内閣の議会からの超越も説いたので、政党内閣否定の超然内閣容認論でもあった。

さらに一木は、主権を国家にありとする天皇機関説では、主権の所在から国家を分類し性格づける国体論は無意味として、天皇の地位を国体として政体と分けて上位におく国体政体二元論を否定した。これは、天皇の絶対的地位をおびやかす議論として、天皇主権説論者たちやその信奉者の軍部などから警戒される原因となった。

つまり、天皇機関説は、「統治権が天皇個人に属する万能の権限」(鳥海靖『日本の近代』)とする天皇主権説を否定し、天皇を憲法や内閣に従う限定的な存在とする学説である。主張の目的は、天皇以外の統治機関が天皇にかわり、統治の中心となることだった。ただし、その真意は、天皇以外の他の政治勢力中心の政治、具体的には内閣中心の政治＝藩閥超然内閣を憲法学的に正当化することによって、天皇の政治的責任の発生を回避し、地位温存をはかることだった。

美濃部の天皇機関説

これまでの藩閥による超然内閣を正当化した天皇機関説は、天皇の権力の限定化をはかりながらも民主的視点に乏しかったが、美濃部の天皇機関説は、内閣政治と天皇権力の限定化、国体政体二元論の否定という従来の議論をベースに、さらに議会・政党重視の民主的な要素を取り入れたところに特徴がある。そこで、美濃部の天皇機関説を、代表的な著書の一つである『憲法講話《こうわ》』を中心にみていきたい。

一九一二（明治四十五）年三月に刊行された『憲法講話』は、前年の夏に文部省主催で行われた中等教員夏期講習会での講義録を単行本化したもので、自序に「国民教育の為に平易に憲法の要領を講ぜる一書」とあるように、憲法論・国家論をはじめて体系的に論じた、美濃部憲法学のエッセンスが集約された一般向けの概説書である。また、同じく自序で、執筆動機を「専制政治を行はんとするの主張」への「慨嘆《がいたん》」と述べ、その目的が天皇主権説論者の穂積と上杉批判でもあることを表明した。このような美濃部の挑戦的態度は、上杉ら天皇主権説論者の反感を買い、天皇機関説事件の前哨戦《ぜんしょうせん》となる天皇機関説論争のきっかけになった。憲法史上において『憲法講話』は、たいへん重要な書物なのである。

『憲法講話』において美濃部は、単に天皇や内閣・議会など各国家機関の憲法上の役割を論ずるだけでなく、国家の存在や目的はなにかという、国家のあり方を根本的に問う原理論や、主権や主権者の意味とはなにかという明治憲法の天皇主権の意味を問いなおす根本的議論から出発し、理想の政治像を示した。

まず、国家を、「多数人」が「共同の目的」をもってつくられた法人とし、「上は君主より下は交番の巡査」まで「総て国家の機関」とする。美濃部がいおうとしたのは、国家が君主（天皇）一人のものではなく、民衆▲を含めた成員全体の共有物なので、国土と国民（「国家を組織して居る人々」）を支配する権力の「統治権」（主権）も君主一人のものでなく、みんなのものなので国家が所有し、それぞれが分担し行使すべきということである。当然、構成員の誰もが権力をほし

▼国民・民衆などの表記　美濃部や吉野は、おもに被治者層を表現する用語として「国民・民衆・人民」とさまざま使っているが、治者・被治者を含め国家の成員全体をさす場合に「全国民」、被治者層のみをさす場合に「人民」「民衆」「国民」「一般国民」ときわめておおまかであるが、使い分けているので、本書ではこうした両者の用法と現在の用法を考慮し、全体の意味合いが強い場合は国民、被治者の意味合いが強い場合は民衆と表記する。

いままにふるう専制は許されない。だから、君主が主権者といっても、権力を独占し無制限にふるえる保有者ではなく、「国権の最高の源」となる「国家の最高機関」ながら、「憲法の条規に従ってのみ統治権」の行使に携わる限定的な存在なのである。

ここで重要なのは、三点である。第一に、民衆あっての国家という主張が意味するのは、天皇や国家を掲げての無謀な戦争など、民衆に多大な犠牲を強いる政策を許さないことである。事実、のちに美濃部は満州事変などを痛烈に批判していく。第二点は、「普通」、「統治権」と「同じ意味」で「広く」使われている「主権」を、「国家内に於《お》いて最高の地位に在る機関の事」(「主権者」)と定義することにより、天皇が主権行使の中心を担う主権者(主権行使の主体)といっても、ほしいままに権力をふるう存在ではなく、「国家の凡《すべ》ての権力の最高の源泉」として権力に正当性をあたえる存在(権威者)と断じ、主権者イコール絶対的な権力者とする天皇主権説を否定したことである。だから、美濃部は国土・国民を支配する力という意味で一般に使われていた主権を「統治権」と表現すると断わり、厳密に区別した。

もう一点は、憲法によって制限された天皇の権限とはどのようなものかということである。美濃部は、「国家の政務は一として陛下御自身の独裁になるものはない」、「内閣で相談をして、其の協議の結果に依つて御裁可」すること、つまり内閣に施政の主導権があり、実質的に天皇は政治に積極的に関与すべきではないと主張した。つまり、美濃部は、従来の機関説中の内閣政治論を発展させ、天皇不執政論を説いたのだが、詳しくはあとで説明する。

また、国体政体二元論についても、主権＝「統治権」は国家にありとする国家法人説の観点から、「断じて誤」りと強く否定し、一木と同様に、政体一元論を主張した。美濃部にいわせれば、主権は国家のもので、国家の一部分にすぎない君主や民衆がもつことができるものではないので、主権の持ち主から君主国体、民主国体と区分する国体論はナンセンスである。君主国か民主国かは主権の持ち主からの国体論ではなく、主権をどのように動かすのかという政体論から説明づけるほかはない。

このように国体政体二元論の否定や内閣政治論など、美濃部は従来の機関説の基本的な論理を継承したといえるが、一方でそれらを発展させた独自の議論を展開した。具体的には、⑴理想主義的な国家目的の提示、⑵内閣政治論を発展させた政党内閣と普選《ふせん》など民主的政治論、⑶天皇不執政論である。

まず、⑴の理想主義的な国家目的の提示である。国家を「共同の目的」をもつ人びとの集合体とした美濃部は、その国家目的を、「社会生活の安寧」を保ち、「国民公共の福利」を向上させ、「国家の繁栄発達」をはかることとし、民衆重視の国家目的を掲げた。この点は師の一木と同様だが、さらに美濃部は、「国家」が「広く人類の生活を幸福ならしめんことを目的として居るもの」と、国家国民を超えて世界人類の幸福をめざす理想主義的な国家目的を掲げた。そこには、自国の生存や利益のためなら、他国を犠牲にしてもかまわないという偏狭《へんきょう》な国家主義への批判がこめられていた。このようなグローバルで理想主義的な視点こそが、のちに美濃部の軍部への批判につながっていくものであった。

これに対して、⑵の政党内閣と普選の主張は民主的な視角ではなく、国家的視角からだった。美濃部によれば、立憲国家では予算審議権と立法権をもつ議会やその中心の政党を無視（「超然」）して、内閣（政府）を「長く維持」できない。そこで、政党内閣が「種々の短所もあり長所もある」が、「是《これ》は単に利害得失を以《もっ》て論ずべき問題ではなく、立憲政治を行ふ以上」は、世界的な「必然の趨勢」なのである。したがって、美濃部にとって政党内閣は、内閣強化の必要からのやむをえない選択なのである。つまり、美濃部の政党内閣の主張は、強い内閣、強い政府をつくる国家的観点と世界的状況によるもので、そこに「人類の生活を幸福ならしめんこと」という国家目的にあった民衆への視点は薄かった。

民主的政治の要件の普選の主張も同様だった。そこで、美濃部は、「門閥《もんばつ》」「財産」「学識に於て」人間は、「不平等なもの」とし、「人間は生れながらにして平等の権利を有《も》つ」という天賦人権論《てんぷじんけんろん》を「全く誤」り、「選挙権は決して人間の天賦の権利ではない」と、普選を人類の平等の観点から民衆の当然の権利として原理的に正当化するのを拒否し、その目的を「世界の大勢」へ順応していくためと説明した。つまり、美濃部はあくまで普選を国益の観点から消極的に肯定したにすぎない。そして、それがエリート主義的な治者の立場から発せられたことは、「社会上に優れた地位を有つて居る者には、国会に於ても亦《また》特別の地位を与へることが相当」という主張からも明らかである。

また、天皇の権力の限定化を試みた、(3)の天皇不執政論も民衆の福利ではなく、天皇・皇室制度擁護の意図からだった。美濃部は、まず不執政の理由を、第三条の天皇の法的無答責条項に求め、「君主は全く無責任であるといふ原則」は、「総ての国政に付て君主が自分の御随意」に「出来ないので、必ず国務大臣の輔弼を待たねばならぬといふことを意味して居る」と主張した。つまり、法的に責任が問われない天皇は、責任が生じるような積極的な政治はできないので、輔弼責任者の内閣が中心となるべきというのである。

さらに、美濃部は、天皇・皇室が「世界無比の尊厳」を保持してきたのは、「古来の政体に於て天皇が親《みずか》ら国政の衝《しょう》に当られなかつたこと」、すなわち、不執政の歴史的伝統にあるので、天皇や皇室制度を安全に保っていくためには、今日においても天皇は政治に直接的に関与すべきでない、もし、「御随意に凡ての政治」を行ったなら、「皇室の尊厳を傷くるの結果は避け難い」と述べた。このように美濃部の不執政論は、前述したとおり、従来の天皇機関説論者の天皇の権力の限定化をはかる内閣政治論を発展させたものだが、その意図も天皇の地位安泰を目的とした、丸山眞男《まるやままさお》氏のいう「重臣《じゅうしん》リベラリズム」を受け継いだもので、民衆のためではなかった。したがって、一見、それは今の象徴《しょうちょう》天皇制に通じるようだが、そうではないといえる。事実、敗戦後、美濃部は新憲法制定に関与した際に、象徴天皇制や国民主権に異を唱え、成立阻止に動いていったのだが、この点については後述する。

こうした美濃部の議論は、綿密ながら大胆な条文解釈によって成立する政治論といえる。この点について美濃部は、「法律の文字のみを金科玉条《きんかぎょくじょう》」とする「窮屈」な解釈ではなく、国家社会の発展のために、慣習などから「自由」に条文を解釈し、「法の運用」の方向付けを行うのが憲法学の役割と説明したが、その真意は天皇擁護と強い内閣（政府）をつくり、円滑な政治運営を行うためだった。

したがって、議論全体をみると、国家目的で示された民衆の利益擁護という観点の比重は小さかった。ゆえに、民主化論といっても国家主義的色彩が強いものなので、国家の利益擁護と発展に尽力する帝大教授としての立場と両立できた。事実、大正デモクラシーの全盛期の一九一八（大正七）年六月に「近代政治の民主的傾向」で、「政治上に於《お》ける民主主義は、近代の世界諸国に共通の趨勢」で、「強《しい》て之《これ》を抑制せんとするは、却《かえ》って革命を醸成するの危険」があり、むしろ「民主主義は全国民の力」によって国家の発展をうながす、「最も能《よ》く国家主義の精神に適するものである」(『太陽』)と、革命回避と国家発展の手段として民主化の意義を説いたとおりである。

要するに、美濃部の天皇機関説は民主的政治論でありながら、国家主義的性格が強い議論だった。また、政党内閣や普選などの民主化論の論拠が状況という可変的なものだったので、状況次第では変容の可能性があり、論理的にも根本的な弱さを秘めていたものといえる。

明治期の天皇機関説論争

『憲法講話』をとおして美濃部が一般に問いかけた天皇機関説は、天皇主権論者上杉慎吉との論争を巻き起こし、天皇機関説論争として論壇で注目をあびた。発端は、上杉が、一九一二(明治四十五)年六月に著名な総合雑誌『太陽』に、「国体に関する異説」を発表し、美濃部の天皇機関説を天皇主権の国体に反する不敬《ふけい》な学説と批判したことである。以後、美濃部をはじめ他の憲法学者を巻き込んだ一大論争となった。

「天皇即チ国家」とする上杉らの天皇主権説は、国土・国民を支配する主権の持ち主を天皇とし、主権の所有者（主権の主体）の天皇は憲法にとらわれず、無制限に権力を行使してよいというものだった。その上杉からすれば、主権の持ち主を「日本国民の団体」の国家とする天皇機関説は、天皇の権力を制限するだけでなく、「人民団体」の国家を天皇よりも上位におき、天皇を「人民団体」の国家のために権力行使に携わる従属的な存在にするので、「人民の使用人」「人民の家来《けらい》」にする失礼な学説となる。つまり、天皇のために国家が存在し、国民は天皇の命令にひたすら従う臣民《しんみん》であるべきなのに、天皇機関説は、民衆の集合体の国家に奉仕する天皇というように、本来、国家の目的の天皇を国家発展の手段として、国家の一部分に引き下げるので、天皇軽視の学説になるのである。

さらに、上杉が問題視したのは、美濃部が天皇の地位保全を目的に天皇主権説に組み込まれた国体政体二元論を否定し、政体一元論を提唱した点だった。上杉からすれば、日本を「立憲君主政体」とする美濃部の政体一元論は、天皇の地位を別次元において保つみずからの二元論とは違い、「国会を以て君主と対等又は対等以上の地位」にし、「君主国と民主国との区別」を曖昧にし、その結果として、「民主共和の国」にする危険な学説なのである。

上杉の批判に対して、美濃部は、翌月『太陽』に、「上杉博士の『国体に関する異説』を読む」を掲載し、反論を行った。反論のポイントは、不敬か否かという点と上杉の学説の法理論としての矛盾だった。まず、美濃部は、自説が天皇を「人民の使用人」とする不敬な学説ではないことを、『憲法講話』を引用して反論した。自分は、国家を「君主」「一般臣民」の共有の団体としているので、「人民」が独占する「民主国」というのは曲解である、たしかに、「君主」ではなく国家に「統治権」＝主権があり、「君主」は国家の一機関として主権行使を行う存在とした、だが、「君主」を主権行使で重要な役割を果たす「最高機関」として、国会や民衆など他の機関より上位に位置づけているので、不敬という批判は不当だ、と反論した。つぎに上杉説の法理論としての矛盾については、「統治権」が「君主」にあるなら、国家は「君主」の私物になるので、「租税」も「君主の貢金《こうきん》」となるが、現実は違うので主権説の理論的な破綻は明らかだ、と断じた。

両者は真向うから火花を散らしたが、他の憲法学者の判定はどうだったのか。上杉の師の穂積は上杉に味方したが、大勢は天皇機関説が近代法における通説であるという共通認識から美濃部に味方し、上杉の旗色は悪かった。

憲法学者たちの批判点は二つだった。第一は、学問上の研究には「元来敬不敬の論を挟む可《べ》きものでない」（早稲田《わせだ》大学教授浮田和民《うきたかずたみ》▲「無用なる憲法論」『太陽』十月号）というように、研究の場に政治的・道徳的評価を持ち込んだことの不当性である。絶対的存在である天皇を振りかざし、相手を論破しようとする姿勢は政治的で学者としてあるまじき態度というのである。

第二は、美濃部と同様の近代法理論の観点からの上杉説の矛盾の指摘である。京都帝大法科教授の市村光恵《いちむらみつえ》▲は、上杉の天皇主権説は、「五六百年の遅」れた「中世のパトリモニアールスタート（家父長国家）」の憲法学説で今日ではまったく通用しないと痛烈に批判した（「上杉博士を難ず」『太陽』七月号）。

このように学問上は美濃部の勝利だったが、政治的には上杉ら天皇主権説のほうが優勢であった。なぜなら、この問題により、美濃部は、二度と文部省の中等教員講習会に招かれず、さらに文部省からの依頼で執筆していた中学校の法制教科書の出版が中止となったからである。この当時、中学校は、地主や中小商工業者、そして小学校教員など民衆の直接的な指導者層の教育の場であっ

▼**浮田和民**　一八五九～一九四六年。肥後《ひご》国出身の政治学者。同《どう》志社《ししゃ》卒。一八九七（明治三十）年東京専門学校（早大）教授。そのかたわら、『太陽』の主幹として、「君主国体」と「政体上の民主主義」が両立できるとする民主主義的政治論を説き、吉野らに影響をあたえ、大正デモクラシーの先駆者となった。

▼**市村光恵**　一八七五～一九二八年。高知県出身の法学者。東大卒。東大講師をへて、一九〇六（明治三十九）年京大教授。穂積の弟子だった市村は、当初、天皇主権説論者だったが、留学後に、天皇機関説論者に転じ、穂積と対立的な有賀長雄《ありがながお》の学説に近づいたことが、美濃部擁護につながった。

▼**清水澄**　一八六八〜一九四七年。石川県出身の官僚・憲法学者。東大卒。内務省にはいり、学習院《がくしゅういん》教授・行政裁判所長官などを歴任。一九一五(大正四)年以後、天皇に憲法を進講。当初、天皇主権説だった清水だが、大正にはいると国家法人説、機関説的立場に転じた。敗戦後、最後の枢密院議長となるが憲法改正に反対し、新憲法施行後に自殺。

たので、そこから美濃部が排除されたことは、天皇機関説が民衆から隔てられていくことを意味する。

その結果、中学の法制教科書は穂積の弟子の清水澄《しみずとおる》▲が執筆し、陸軍・海軍大学校の法律講座は上杉が担当することになった。つまり、美濃部の天皇機関説は学界で支持を受け、やがて官界にも影響をあたえて、指導者層では一般化していくが、軍部や民衆層では異端的学説となった。まさに、天皇主権説が公の憲法学説＝顕教となり、天皇機関説が秘密の憲法学説＝密教となった原因がここにある。学界に端を発した論争は、のちに国民全体を巻き込んだ政治問題の天皇機関説事件の火種となった。歴史にイフは禁句だが、もし上杉との論争がなければ、美濃部の学説が中等教育をとおして民衆層に浸透して機関説事件は起こらず、天皇主権を振りかざしての軍部の台頭もなかったかもしれない。

美濃部は教育をとおしての自説の一般化の回路は断たれたが、影響力の拡大をあきらめずに、精力的に時事評論を発表することによって試みていく。それについては、もう一人の民主化論者の吉野の議論を踏まえてからみていきたい。

④―吉野作造の民本主義

民本主義とはなにか

法律論からの民主化論である美濃部の天皇機関説《てんのうきかんせつ》の影響を受け、それを政治論として発展させたのが、吉野作造である。吉野は、美濃部の『憲法講話《こうわ》』の四年後の一九一六(大正五)年一月、『中央公論』に、「憲政《けんせい》の本義《ほんぎ》を説いて其有終《そのゆうしゅう》の美を済《な》すの途《みち》を論ず」(以下、「本義」と表記)を発表した。そこで吉野が行ったのは、条文解釈や主権《しゅけん》の所在を問う法律論からではなく、主権運用(政治)の目的や方法を問う政治論からの民主化の主張だった。吉野は、政治の目的は民衆の福利にあり、その福利の内容は民衆自身がよく知るので、主権者▲の天皇は、民衆の幸福のため、なおかつ民衆の意向に基づいて政治を行う必要がある、と説いた。民を本《もと》とするという意味で民本《みんぽん》主義なのである。

なお、民本主義という用語自体は以前からのもので、そもそもは黒岩涙香《くろいわるいこう》▲が造語し、茅原崋山《かやはらかざん》▲によって広められ、天皇主権説論者の上杉慎吉《うえすぎしんきち》も使っていた。

茅原は、一九一二(大正元)年に、軍隊・貴族《きぞく》・官僚を中心とする現政治方針

▼**主権者**　ここで吉野がいう主権者とは、「国権の総攬者《そうらんしゃ》」、「国家の主権は人民に在り」という用法から明らかなとおり、主権の持ち主ではなく、主権行使の中心という意味である。したがって、吉野の議論も美濃部の天皇機関説を前提としたものといえる。

▼**黒岩涙香**　一八六二〜一九二〇年。土佐国《とさのくに》出身の新聞記者・小説家。本名周六《しゅうろく》。慶應義塾《けいおうぎじゅく》を中退。『都《みやこ》新聞』主筆などをへて、一八九二(明治二十五)年『万朝報』を創刊。藩閥政府攻撃、上流階級の暴露記事を掲載し、「蝮《まむし》の周六」と恐れられた。

▼**茅原崋山**　一八七一〜一九五二年。東京出身の評論家。独学で漢学《かんがく》を学び、『万朝報』の記者となり、一九一二(大正元)年「軍本主義」と対極の「民本主義」を提唱し、翌年『第三帝国』を創刊。大正デモクラシーを準備した。

立会演説会を報じる新聞記事（『報知新聞』一九一八〈大正七〉年十一月二十四日付）

の「軍本主義《ぐんぽん》」に対して、民衆主体の平和で自由貿易を中心とする政治方針という意味での民本主義を提唱し（「民本主義の解釈」『万朝報《よろずちょうほう》』五月二十七日付）、雑誌『第三帝国』をとおして青年層に影響をあたえた。政党内閣と国際協調を説いた茅原の主張は吉野の主張を先取りするもので、大正デモクラシーの土壌をつくったといえる。民のためという点では、上杉も同様だった。上杉は、一九一三（大正二）年五月に「民本主義と民主主義」（『東亜之光』）で、天皇は「人民の幸福を増進する」ために政治を行わなければならないという「歴代の天皇」の「治国の精神」、すなわち天皇親政の理想（善政）という意味で民本主義を提唱した。

このような経緯を考えると、吉野が民本主義という言葉を使ったのは、すでに認知された言葉であるうえに保守的論客にも使われた言葉なので、自身の主張への抵抗緩和を意図したからと考えるべきである。

では、なぜ主権者である天皇は、民衆の福利を目的に、さらにその目的達成のために民衆の意向を重視する政治を行わなければならないのか。確かに吉野は法律論ではなく、政治論から民主化論を打ち立てようとしたが、天皇主権の明治憲法を避けることはできない。天皇主権を謳《うた》う明治憲法論と向きあい、みずからの政治解釈が憲法に反しないことを説明しなければならなかった。この点をどのように乗りこえたのかという点にこそ、吉野の民本主義論が一世を風靡し、政治の民主化に貢献しながらも、のちに凋落《ちょうらく》していった理由がある。

吉野の民主化論も、美濃部と同様に、憲法解釈を出発点に、民本主義の定義がなされ、民主的政治の具体像が示される構造であった。

同論文で、まず吉野は憲法に謳われた立憲《りっけん》政治とはなにかを問い、みずからの提唱する民本主義という民主化論が明治憲法にかなうものであることを主張した。吉野は、「憲法に遵拠《じゅんきょ》して行ふ」のが「立憲政治」としながら、「条項に形式的に忠実」になるのではなく、「立憲政治」を「近代文明の必然的産物」ととらえ、「各国憲法に通有する精神的根柢」を基準に憲法を運用し、政治を行うことが重要であると主張する。そして、「各国憲法に通有する精神的根柢」とは、民衆の政治参加の立憲政治の原動力となった「近代の精神的文明の潮流」の「デモクラシー」であり、それを天皇主権の日本に見合うようにアレンジしたのが民本主義であるとした。つまり、日本の立憲政治は西欧の「デモクラシー」を起源にしたものだから、日本も西欧と同様に「デモクラシー」的な政治が必然なのである。

このように吉野は、憲法の根底にある精神に着目した政治学からの自由な憲法解釈によって、天皇主権の明治憲法下での民主的な政治の正当性を主張したが、さらに民本主義という独自の概念によって、法的には、一見対立する天皇主権と民主主義の衝突を解消した。

吉野は、そもそも民主主義の意味には主権者を民衆とする法的な民主主義のほかに、主権者にこだわらない「主権を行用するに当つて」の、「政権運用」上の民主主義である「解釈的民主々義」があるとした。そして、自分が説く民本主義とは、君主主権《くんしゅ》と両立できる後者の民主主義の翻訳であると主張した。吉野は法と切り離した政治的議論から民主主義を再解釈することによって、天皇主権と民主主義の両立という困難な課題を克服したのだった。

ここで吉野が示した主権運用（政治）の基準となる民本主義の内容は、主権運用の目的と方法に関する二点であった。第一は、主権運用の目的（「政治の目的」）を「一般民衆の利福」とすること（善政主義）だった。「利福」の具体的中身は、「貴族とか、富豪とか、其他種々の少数者階級の便益の為めに、民衆一般の利福を蹂躙《じゅうりん》するが如《ごと》きは、民本主義が最先《まっさき》に排斥するところ」なので、「経済的特権階級とも争ふ」と明言したとおり、政治的平等化からさらに踏み込んで経済的平等化を視野にいれたものであったが、具体的な内容は示されておらず、曖昧だった。第二が、民衆の幸福は民衆自身がなにかを知っているので、政策決定において「一般民衆の意嚮《いこう》に置く」こと、すなわち政党内閣制や普選《ふせん》であった。

つまり、民本主義は、主権者は天皇である（美濃部と同様に、主権の保有者ではなく、主権行使の中心という意味だが）としながら、主権（統治権）をどのように動かしたらいいのかという主権運用論（政治論）により天皇を有名無実な存在にし、主権運用において民衆が中心となる実質的民主主義を主張したものといえる。

上からの民本主義

経済的平等化を視野にいれた点で美濃部の政治的民主化論から一歩踏み出したのが吉野であったが、一方で主権運用の方法とした政党内閣や普選などの詳しい説明には、美濃部と同様に、エリート主義や国家主義的な側面があった。

普選については、「選挙権が極端まで拡がつて来ると、到底買収などは仕切れなくなる」という実利的観点と「世界の文明国は殆《ほと》んど皆大体普通選挙制」という世界的状況から説明づけた。ここで重要なのは、普選を民衆の当然の権利として原理的に正当化してきた天賦人権論《てんぷじんけんろん》について、「昔は天賦人権説などを楯として、凡《すべ》ての国民の参政権を享有すべきを主張するものもあつたけれども、此《この》論の今日に通用せざるは固《もと》より論を俟《ま》たない」と美濃部と同様、否定した点である。したがって、吉野の普選論も原理論を根底にしたゆるぎない主張ではないと同時に、突き詰めると民衆の立場からの主張でもなかったといえる。

ただし、生まれながらの平等を説く天賦人権論は、天皇や華族《かぞく》を否定する共和制論に直結しかねない。そこで帝大教授という立場で民主化論を説くには、両者とも天賦人権論とは異なる点を強調する必要性があったことも考えられる。また、買収について論じたところでは「大体に於《おい》て人民には罪がない」と民衆を擁護し、普選の目的についても「国民一般の全体の利益を代表せしむるにある」と述べていることから民衆側の視点がまったくなかったわけではないが、ともあれ、吉野の普選論も美濃部と同様にゆるぎない原理に基づいていなかったといえる。

つぎに、吉野は、政党内閣の円滑な運営の条件として、政治家(プロ)と民衆(アマ)の役割分担論を説いた。吉野は、政策立案や法律の制定など高度な能力が必要な政治運営に民衆が直接的に携わるのは困難なので「少数の賢者」たる職業政治家が行うべきと主張した。

プロたる政治家は、「真面目に自分の識見人格を赤裸々に民衆に訴え」、「常に自ら民衆の中に居つて其《その》指導的精神」となる役割を果たすべきで、一方の民衆は政治家の「政見」や「人物経歴声望」をとおして、彼らがみずからの代表者にふさわしいかを道義的視点から監督・判断するのが役割だと主張した。そして、相互に高めあうべき両者は、民衆が党員化するなどして政治家に対して「客位」となるのではなく、「主位」の存在として議員から自律した状態、わかりやすくいえば、民衆は特定の支持政党をもたない無党派でいることが、政治家と民衆の緊張感を生み、相互の「識見人格」を高め、政治の発展向上につながっていくというのである。

こうした政治家と民衆の役割分担論からわかる吉野の政治論の特徴とは、政治を権利の主張や調整の場ではなく、人びとの人間性を高めていく道徳的な修養の場とし、その担い手たちに徳を求める、儒教《じゅきょう》にも通じる道徳的政治観があったことである。権利や利害から超越した政治論は、理想主義として現実政治の腐敗などに有効である反面、権利や福利という民衆の実質的要求には手薄になっていたことは、実質的な政治における有効性・現実性という意味での問題を投げかけることになる。

さらに重要なのは、徹底した役割分担論をとる理由が衆愚《しゅうぐ》政治の防止だったことである。吉野は民主的政治によって「衆愚の盲動が政界を支配するやうでは、国家の健全なる発達は期せられない」。そこで、形のうえでは「多数の意嚮《いこう》が国家を支配する」が、実際は民衆を「少数の賢者が国を指導する」、「故《ゆえ》に民本主義であると共に、又貴族主義」であることが必要である、と述べた。ここに、国家主義とともに、ある種の愚民観と裏腹のエリート主義を認めざるをえない。

たしかに吉野は、人は無限に発達するというキリスト教精神に根差した人間観をもっていたが、政治的存在としての民衆については、監督者としての道義の向上という意味での発達にとどまり、分担論にゆるぎはなかった。ただし、井出武三郎氏がいうように、民主化によるエリート主義は、そもそも、モンテスキュー▲やJ・S・ミル▲など古典的民主主義者が提唱したものであり、吉野が特殊なわけではない。そして、なによりも、藩閥《はんばつ》勢力健在の状況下において衆愚政治への懸念からの反対論も根強かったので、吉野のエリート先導論の真意も、反対論者に対する戦略という側面があったと考えるべきである。

　さらにみすごせないのは、民本主義を説いた最大の理由が国際競争時代における日本国家の生き残りをはかることだった点である。吉野は、民本主義提唱の理由を、「国際競争の激烈なる今日、国民の自覚自開によつて国家の内面的勢力を充実するの極めて必要なる今日に在ては、此等先覚者の指導によつて国民の自奮《じふん》を促すこと実に焦眉《しょうび》の急に属する」、「我々は今や世界と共に進歩し、世界と共に同じ途を競争せねばならぬ運命」だからだとした。したがって、吉野の民主化論も、美濃部と同様に、国民動員の意図があり、そこに含まれていた民衆の権利擁護という視点は二次的だったといわざるをえない。

　要するに、吉野の民本主義とは、条文解釈や主権の所在や主権者を問う法律論ではなく、主権を行使する目的や方法を重視する政治論によって、天皇主権下の日本での民主的政治を正当化した議論であった。その反面で、民主化の論

▼**モンテスキュー**　一六八九〜一七五五年。フランスの法学者・思想家。人間の生まれながらの平等・自由を説く啓蒙《けいもう》思想の代表的人物。権力の分立・抑制論を展開した『法の精神』を著わし、フランス革命に多大な影響をあたえ、日本の民権運動にも影響をあたえた。

▼**J・S・ミル**　一八〇六〜七三年。イギリスの哲学者・経済学者。「最大多数の最大幸福」を原理に、社会と個人の幸福の調和を説くベンサムの功利《こうり》主義を継承し、『自由論』では個人主義的自由主義を展開した。同書は、一八七二(明治五)年中村正直《なかむらまさなお》によって翻訳(『自由之理《ことわり》』)されてベストセラーとなり、民権運動にも影響をあたえた。

拠が状況主義であるための弱さやエリート中心主義、さらには民主化の目的が国家の発展におかれた点など民主主義とは異なる側面もあわせもつ議論だった。したがって、吉野の民主化論も美濃部と同様に国家的視点に立ったものであり、国家の発展に寄与する研究と教育に従事する使命を担う帝大教授としての立場と両立できる、いわばナショナル・デモクラシーというものだった。

民本主義論争

国家に奉仕する帝大教授が一般雑誌で民主化論を大々的に主張したことは、世間に大きな衝撃をあたえた。一九一八(大正七)年の内務省警保《けいほ》局の調査報告書『我国《わが》に於《お》けるデモクラシーの思潮』に、吉野の論文以後は民本主義を論じない思想家やジャーナリストは世間から存在を疑われたという記述があるほど、賛否両論の民本主義論争が巻き起こった。その結果、大正デモクラシーが広まるとともに、民本主義論争での批判の洗礼は吉野の議論の本質を顕わにしていった。

批判は、天皇主権論者の上杉から心理学者の木村久一《きむらきゅういち》▲、さらには社会主義

▼**木村久一**　一八八三〜一九七七年。山形県出身の心理学者・教育学者。東大卒。麻布《あざぶ》中学・早大などで教鞭をとり、早期教育を提唱。大正デモクラシーに共鳴し、黎明会《れいめいかい》会員となった。一九三一(昭和六)年平凡社《へいぼんしゃ》に招かれ、『大百科事典』の初代編集長もつとめた。

▼山川均　一八八〇～一九五八年。岡山県出身の社会主義者。同《どう》志《し》社《しゃ》中退。キリスト教から社会主義にはいり、一九〇六（明治三十九）年日本社会党、二二（大正十一）年日本共産党創立に参画後、山川イズムや『労農《ろうのう》』創刊により運動を先導した。一九三七（昭和十二）年人民戦線《じんみんせんせん》事件で検挙されたが、戦後も日本社会党左派の理論的指導者として活躍。

者の山川均《やまかわひとし》▲というように、ジャンルもイデオロギーも広範な人物たちによってなされた。

法解釈による民主化論である美濃部の天皇機関説を批判した上杉は、政治論からの民主化論の吉野の主張にも、当然、異を唱えた。上杉は、吉野の論文の二カ月後の『中央公論』三月号に掲載した「我が憲政の根本義」で批判を展開した。そこで上杉は、自分も吉野と同様に、政治の目的を「人民の幸福」とする「民本主義」（「善政」）の立場だが、それは「主権者」（美濃部と異なり、主権の所有者という意味だが）の「天皇の親政」によってのみ可能である、にもかかわらず、吉野が民本主義実現の手段として「議院中心」の「政党内閣」を提唱したのは、天皇の主権をおかすもので憲法違反、と批判した。

上杉の批判に対して、吉野は、翌月、「所謂《いわゆる》天皇親政説に就きて」（『中央公論』）において反論した。吉野は、上杉の天皇親政説は、「国務多端の今日」では不可能であり、なによりも憲法条文に「君主の意思決定を拘束すべき幾多の規定」があり、天皇の権限は制限されているので、上杉の「絶対的天皇親政説の如《ごと》きは断じて我憲法の認むる所ではない」と反論した。さらに、「天皇親政説」のほうが「百般庶政」の責任を天皇におわせ、「人民」の「不平」の「直接の標的」にしかねないと美濃部と同様の論理で反論した。したがって、吉野の民本主義も国家発展の目的のほかに、天皇擁護の目的があったので、「重臣《じゅうしん》リベラリズム」であったといえる。また、ここでの上杉と吉野の応酬は、上杉・美濃部論争と同じ構図であり、だからこそ吉野は美濃部の民主化論の発展的継承者といえる。

さらに、一九一七(大正六)年五月、心理学者の木村の批判(「デモクラシーの心理」『新公論』)は、吉野の主張を政治の手段(民衆の政治参加)よりも目的(民衆の福利)重視の旧来のエリート中心の善政主義と同様とみなし、それを心理学的観点から民衆利益に反すると断じたものだった。木村は、「人民の利益幸福の為《ため》の政治」が「少数の特権階級」の手で実現されても、「人民の行ふ政治」でなければ、「人民」が「発達」や「満足」をえられないので、人間として生きる喜びを奪う「悪政」にほかならないと批判した。

木村の人間の本質論からの鋭い批判を吉野は全面的に受け入れ、一九一八年一月の「民本主義の意義を説いて再び憲政有終の美を済すの途を論ず」(『中央公論』)において、従来の主張を修正し、手段(民衆の政治参加)の絶対化と目的(民衆の福利)の相対化を行った。吉野は、「当節のやうな国家主義旺盛の時代」では、「本義」で主張した「民衆の利福」という民主化の目的は、「相対的な原則」となり、手段としての民本主義の「参政権」が「凡《すべ》ての国民に国家的精神を起さしめ」、「国家を健全に発達せしむる」ために「絶対的の原則」となると主張した。吉野はこれまでにも確認された国家主義的な観点の導入によって、普選という手段を絶対化させたのだった。その結果、これまでも曖昧であった「民衆の利福」という民主化論で最重要な目的は、ますます曖昧になった。

さらにこうした点を鋭く突いたのが、同年二月北昤吉《きたれいきち》▲の「吉野博士の民本主義論を評す」(『中外』)であり、この批判をきっかけに、吉野の民主化論が国家重視であることがはっきりする。北は、吉野の民本主義を、「政治の目的」を「不明」としながら、「政治の方針」を「絶対的」とする、いわば「旅行の目的地は不明な」ままで、特定の旅行手段(汽車や船など)を絶対的に正しいとする「奇怪」な旅行計画と痛烈に批判した。このような北の批判に吉野は、四月に「予《よ》の民本主義論に対する北氏の批評に答ふ」(『中央公論』)で応じたが、そこで、吉野は、「目的は全く不明なのではない」、「結局の目的は国家を強くし、国民を安

▼**北昤吉**　一八八五〜一九六一年。新潟県出身の哲学者・政治家。早大卒。一九一八(大正七)年まで早大講師。国家主義的立場から吉野の民本主義を批判。大正大学教授などをつとめたのち、政治家に転身し、一九三六(昭和十一)年衆議院議員に当選(民政党に所属)した。敗戦後は、日本自由党の結成に尽力。北一輝《いっき》の実弟。

んずるといふ所にある」とみずからの民主化の真意が民衆の利益擁護よりも国家発展であることを宣言した。

つまり、当初から民本主義の目的を国家の発展と明言した吉野にとって、民衆の幸福の追求という民主主義におけるもっとも重要な原理は絶対的ではなかった。そこに吉野の民主化論がかかえた根本的な問題があった。

こうした問題性を追究し批判したのが、社会主義者山川均の評論、一九一八年四月の「吉野博士及北教授の民本主義を難ず」(『新日本』)と、十月の「民を本とせざる民本主義」(『新日本』)である。

山川のおもな批判点は、(1)民主主義から主権論を切り離したことと、(2)政治の手段の普選を絶対化し、目的とした「民衆の利福」を相対化した点と、(3)エリート主導論の三点である。まず、(1)の民主主義から主権論を切り離した点について、四月の評論で、山川は、民主主義の歴史的経緯からすると主権在民と民主主義を切り離せないという原理的批判を行った。ただし、この批判は、天皇主権下での主権在民の主張は憲法違反となるのでいささか酷といえる。一方で同じ評論で展開された(2)の目的と手段に対する批判は、吉野の民主化論の弱体化をみぬいた的確なものだった。山川は、「民衆の福利」という目的を欠く、手段としての民意の尊重は、「為政者の便宜」のいい政策(たとえば「国家主義的乃至《ないし》軍国主義的政策の遂行」など)を追認する形式的な手続きとして、民主主義の形骸化を招く危険があると批判した。こうした山川の指摘は、吉野の主張が、上杉ら国家主義者たちなどによる国家動員的な参政権の主張に相通じる危険性、さらには民主の名のもとの独裁というモンスターをも生みかねないという民主主義の危険な一面を予言的に見通した鋭いものだった。

最後に(3)のエリート主導論については、十月の評論で、山川は「賢明なる少数者の意志を実行する最も有利な方便として」、「形の上だけでの輿論政治を主張する」、「少数の支配者を本とする思想」であり、「民衆に対する不信用から出発する一種の支配術《ガブァニングアート》」と批判した。山川は、吉野の民本主義が突き詰めれば統治者側の視点に立つものにすぎないと警鐘をならしたのだが、これは、美濃部や吉野のナショナル・デモクラシーの本質をみぬいた鋭い批判だった。

このように厳しい批判がなされた一方、大山郁夫《おおやまいくお》▲や美濃部など吉野の民本主義への共鳴者もいた。とくに注目すべきは美濃部である。これまで美濃部は吉

▼**大山郁夫**　一八八〇～一九五五年。兵庫県出身の社会運動家・政治家。早大卒。早大教授から『大阪朝日新聞』記者となり、大正デモクラシーの論陣を張ったが、筆禍事件で退社。黎明会や『我等《われら》』に参加後、実践活動に転じ、労働農民党や労農党の委員長を歴任したが、一九三二(昭和七)年に党内抗争に敗れ渡米。戦後帰国し、日本社会党議員として平和運動に尽力した。

野の民主化論に影響をあたえてきたが、今度は吉野から影響を受けて、美濃部は、一九一七年六月、『太陽』に掲載した「近代政治の民主的傾向」で、政治論からの民主化論「民政《みんせい》主義」を提唱した。美濃部は、「民主主義」には、「法律的又は形式的の意義」と「政治的又は実質的の意義」があり、「区別」する必要があるとしたうえで、「政治上に於ける民主主義」を「民政主義」と名づけ、それは「近代の世界諸国に共通の趨勢」で「国家の繁栄隆運」の要件なので、「普通選挙」や「議院内閣政治」などの「民政主義」の具体的な施策を実現しなければならないと主張した。

ここでの法律論ではなく政治論によって民主主義につきまとう君主主権との衝突を回避して、君主国での民主的政治を正当化した論理は、まさに吉野の論理と同一である。ここに大正デモクラシーの先駆者の美濃部と発展的継承者の吉野が相互に影響しあいながら、民主的政治の実現への歩みをともにしていくことが示されている。

大正デモクラシーに多大な影響をあたえた吉野の民本主義は、おもに政治的デモクラシーを目的としたものだが、ロシア革命・米騒動《こめそうどう》など経済的平等化の動きが起こると、さらに経済的デモクラシー（社会主義）の主張があらわれる。当初は経済的デモクラシーを視野にいれながら消極的だった吉野も、一九一九（大正八）年六月『中央公論』掲載の「民本主義、社会主義、過激主義」において、「立憲主義」をとる「社会主義」ならば「民本主義」と「両立し得る」と主張し、自身も社会民主主義による経済的デモクラシーの実現に移行したことを宣言した。

このように美濃部は天皇機関説という法律論から、吉野は民本主義という政治論から、民主的な政治・社会運営の必要性を主張し、大正デモクラシーを先導する役割を果たした。ただし、両者の民主化論は国家重視の視点が多く含まれ、民衆の権利についての主張は弱く、それゆえ、民衆や民衆を基盤とする政党政治家たちにとって納得できるものだったかは疑問である。こうした民主的政治の当事者たちに真に受け入れられたかという影響力の問題は、政党政治の凋落を考えるうえで重要なので、さらに美濃部と吉野の時事評論を手がかりにみていきたい。

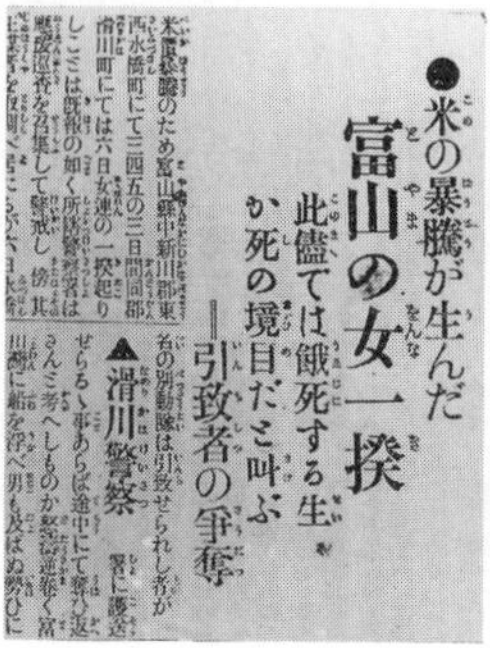

●米《こめ》の暴騰《ぼうとう》が生《う》んだ
富山《とやま》の女《をんな》一揆《き》
此儘《このまゝ》ては餓死《うゑじに》する生《せい》か死《し》の境目《さかひめ》だと叫《さけ》ぶ
―引致者《いんちしや》の爭奪《さうだつ》

米價暴騰のため富山縣中新川郡東西水橋町にて三四五の三日間同郡滑川町にては六日女連の一揆起りしことは既報の如く所轄警察署は

▲滑川警察

米騒動を記録した絵画『米騒動絵巻』とそれを報じる新聞記事（『東京朝日新聞』一九一八〈大正七〉年八月八日付）

⑤―大正デモクラシーの展開と挫折

第一次護憲運動から原敬内閣

天皇主権《しゅけん》の日本での民主化を正当化する論理を打ち立てた美濃部と吉野は、その後も、現実に起こる政治・社会現象への具体的な提言である時事評論を精力的に発表し、みずからの主張の影響力の拡大による民主化の実現に取り組んだ。眼前に起こる政治・社会現象をどのようにとらえ、いかなる対処法を示し、その結果はどうだったのか。両者の取組みとその成果を刻々と伝える時評は、政治・社会状況や両者の言説の影響力を映しだす鏡である。

一九一二(大正元)年の第一次護憲《ごけん》運動から一八(同七)年米騒動《こめそうどう》による原 敬《はらたかし》内閣成立までの民主化の動きが本格化していく時期では、まず美濃部が先駆者として第一次護憲運動を全面的に支持する言動を展開し、あとに続く形で吉野も米騒動や原内閣など民主化の動きを支援する言動を展開した。

第一次護憲運動は、軍拡予算拒否のために倒壊した第二次西園寺公望《さいおんじきんもち》▲内閣にかわり、軍閥《ぐんばつ》出身の桂太郎《かつらたろう》▲が組閣したことに対して、政党や議会を無視した非立憲《りっけん》的な内閣であるとして、尾崎行雄《おざきゆきお》・犬養毅《いぬかいつよし》ら政党政治家が中心となって、「閥族《ばつぞく》打破、憲政《けんせい》擁護」のスローガンを掲げて、国民運動を起こし、桂内閣を辞職に追い込んだ運動である。政党政治家と民衆が手を結ぶ形で、藩閥《はんばつ》内閣を倒したこの事件に対し、美濃部は尾崎や犬養らも参加した憲政擁護の演説会に弁士として登場し、運動の全面的な支持を表明した。

ただし、この時点では遠くない将来に普選が必然としながら、「今日急ニ普通選挙ヲ行フ事ハ、恐ラクハ未ダ其《その》時期ニ達シテ居ナイ」（一九〇八〈明治四十一〉年『憲法及憲法史研究』）とした美濃部だが、米騒動で寺内正毅《てらうちまさたけ》内閣が倒れ、本格的政党内閣（立憲政友会。以下、政友会と表記）である原内閣が成立して大正デモクラシー運動が高まると、吉野とともにラディカルな民主化論を提唱した。

美濃部は、一九一九（大正八）年二月に普選法《ふせんほう》案の審議が議会で行われ、普選運動が本格化するなかで、普選さらには無産政党の存在を認める主張を行った。美濃部は、「我《わ》が現在及び将来に於《お》ける社会の深憂《しんゆう》は経済上の階級の闘争」であり、「米騒動」がその典型であるとして、こうした状況は「社会の安寧幸福の為に極めて危険」なので、「之《これ》を抑制すべき方策としては、大に選挙権を拡張して、

▼**西園寺公望**　一八四九〜一九四〇年。公家《くげ》（徳大寺《とくだいじ》家）出身の政治家。兄は実則《さねのり》。パリに留学。伊《い》藤博文《とうひろぶみ》に見込まれ、一九〇三（明治三十六）年立憲政友会総裁に就任。一九〇六（明治三十九）年首相となり、桂園《けいえん》時代を築いた。二個師団増設問題で辞職後は、最後の元老《げんろう》として、政党政治・協調外交の保持に尽力したが、軍部の台頭を阻めなかった。

▼**桂太郎**　一八四七〜一九一三年。長州藩《ちょうしゅうはん》出身の陸軍軍人・政治家。ドイツ留学後、陸相などを歴任後、一九〇一（明治三十四）年首相となり、山県有朋《やまがたありとも》の後継者として藩閥勢力の維持につとめた。第一次護憲運動で退陣後は、失意のまま世を去った。

普選要求のデモ行進　一九二二（大正十一）年東京、日本橋本町交差点。

労働者階級無資産階級をも政権に与《あずか》らしむる」必要があると主張した（「選挙法の改正」『太陽』）。ただし、文面から明らかなとおり、それは、社会安定のためという保守的な観点からの民主化の主張だった。

吉野も同様の主張を行った。一九一八年十月、原敬内閣誕生直後の「原内閣に対する要望」（『中央公論』）で、原内閣を、枢密院《すうみついん》・貴族院《きぞくいん》など非民主的な勢力を排除した「純然たる政友会《せいゆうかい》内閣」と評価したうえで、「民衆を友として民衆の幸福を計れ」、そうすれば「民衆を教養し、民衆を訓練し、上下心を一にして社《しゃ》稷《しょく》（国家）の富強を計る」ことができると期待感を表明した。このように吉野も民主化と国家発展を同一的に論じているので、美濃部と同様に、国家的な視点に立っていたといえる。ただし、同時に、吉野は民衆の幸福と国家の発展を一体ととらえているので、民衆あっての国家であり、民衆の犠牲のうえでの国家の発展はないことを言外に主張したともいえる。したがって、吉野の国家的な視点は、のちの軍部などの偏狭《へんきょう》な国家主義とは、まったく異なるものだった。

両者は、第一次護憲運動から原内閣成立という民主化が進む動きを、みずからの民主化論が実現する気運ととらえ、それを全面的に後押しする主張を行った。そこでは、民衆の幸福が説かれていたが、その一方で民衆の不満の抑制による国家・社会の安定化と民衆の国家協力の獲得による国家の発展という国家側からの視点も前面に打ち出されていたといえよう。

第二次護憲運動以後

原内閣以降、いったんはとだえた政党内閣だったが、一九二四(大正十三)年一月、貴族院を基盤にした清浦奎吾《きようらけいご》▲内閣が成立すると、政友会(尾崎行雄)・憲《けん》政会《せいかい》(加藤高明《かとうたかあき》▲)・革新倶楽部《かくしんクラブ》(犬養毅)は、ふたたび政党軽視の非立憲内閣が誕生したとして護憲三派を結成し、倒閣運動を行って総選挙で勝利し、六月、第一党の憲政会の加藤を首班とする政党内閣が誕生した。第二次護憲運動である。以後、日本は、一九三二(昭和七)年五・一五事件まで政友会と憲政会(二七〈同二〉年立憲民政党《みんせいとう》と改称。以下、民政党と表記)の二大政党が政権を担当し、二五(大正十四)年普選法の成立、二八(昭和三)年普選による総選挙の実施など民主化を推進した議会政治の発展期(「憲政の常道《じようどう》」)を迎えた。そこでの両者の言動は、当初は政党やその支持者の民衆への期待と支持だったが、現実の政党政治

▼**清浦奎吾**　一八五〇～一九四二年。肥後国《ひごのくに》出身の官僚・政治家。司法省にはいり、警保《けいほ》局長として手腕が山県有朋に認められ、法相・枢密院議長を歴任。退陣後は第一線を退いたが、重臣として重要国務の諮問に応じるなど一定の影響力を保持した。

▼**加藤高明**　一八六〇～一九二六年。尾張《おわり》国出身の外交官・政治家。東大卒。三菱《みつびし》本社に入社後、外務省にはいり、一九一三(大正二)年立憲同志会の総裁となるも、第二次大隈重信《おおくましげのぶ》内閣の外相時の対華二十一カ条の要求で元老の不興を買い、野党の苦労をへて二四(同十三)年首相に就任。三派提携は、一九二五(大正十四)年七月に決裂し、単独内閣を組織したが、会期中に病死。岩崎弥太郎《いわさきやたろう》の女婿。

普選法成立を報じる新聞記事（『東京日日新聞』一九二五〈大正十四〉年三月三十日付）

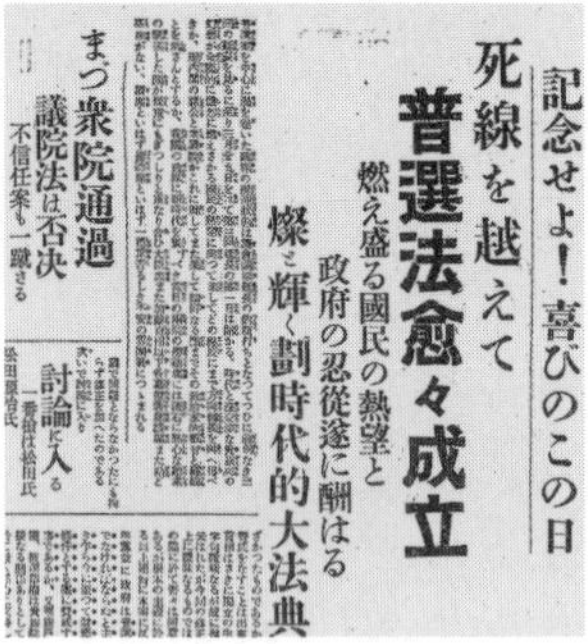
記念せよ！喜びのこの日
死線を越えて
普選法愈々成立
燃え盛る國民の熱望と
政府の忍從遂に酬はる
燦と輝く劃時代的大法典
まづ衆院通過
議院法は否決
不信任案を一蹴さる
討論に入る
一番槍は松田氏

▼**田中義一**　一八六四〜一九二九年。長州藩出身の陸軍軍人・政治家。陸大卒。山県有朋の後継者として陸相などを歴任したのち、一九二五（大正十四）年政友会総裁に就任。一九二八（昭和三）年首相となるも、さまざまな問題が噴出した揚句《あげく》、張作霖《ちょうさくりん》爆殺事件処理で天皇の不興を買い辞職し、失意のまま死去。

が、汚職・買収・選挙干渉などさまざまな問題を引き起こしていくと、両者の主張も支持から批判や失望へと変容していった。

まず第二次護憲運動に対して、一九二四年七月、美濃部は、加藤内閣の誕生を「長い間の梅雨がやうやう晴れて、かすかながらも日光を望むを得たのと、同じやうな快い感じがする」、それは「数年前に寺内内閣が倒れて、原内閣が代つたときと同じやうな感じだ」と第一次護憲運動と同様に全面的な支持を表明した（「加藤〈高明〉内閣を迎ふ」『改造』）。吉野も同月、「久しく停滞せる政界に一道の活路を開くべきを期待」させる加藤内閣の人気は高いので、その「民衆的新勢力」に力を借りて、「壟断的《ろうだんてき》旧勢力（枢密院・貴族院・軍閥）と戦はねばならぬ」（「新内閣に対する期待」『中央公論』）と加藤内閣を激励した。

このように原内閣と第二次護憲運動について、みずからが提唱した民主化が現実化する現象として期待感を表明した両者だが、一方で期待した政党内閣が汚職・買収・選挙干渉・スキャンダルあばき合戦など党利党略の暴挙を重ねると、民主化の障害として厳しい批判を展開した。

なかでも両者が厳しい目を向けたのが、田中義一《たなかぎいち》▲政友会内閣である。そもそも田中の総裁就任は、陸軍機密費という持参金や在郷軍人会の支持を当て込んでの、金銭や利権がものをいう政党政治の力学からだった。その経緯のごとく、田中内閣では、露骨な選挙対策(買収・干渉など)、原以来の利益誘導政治、金銭と暴力による政党間の抗争、スキャンダルあばき合戦(不《ふ》戦《せん》条《じょう》約《やく》問題▲)など政党政治がかかえた悪弊が噴出し、政党への不信感が高まった。

美濃部は、一九二八年四月三十日、普選による初の総選挙で過半数を確保できなかった与党政友会と野党民政党が攻防を繰り広げる事態を、「政治上の暗黒時代」と憂慮した(「暗黒政治の時代」『帝国大学新聞』)。美濃部は、「暴力の横行が日々益《ますます》甚だしく、遂には反対党の議員を登院の途上に擁してこれを殴打し、その出席を妨げ」、「反対党の切り崩しといふことが公然宣伝」されて、「政府の買収する所となつた」とその醜態を列挙し、このままなら「国民の政府に対する憎悪軽蔑の感」が高まり、議会・政党政治に対する国民の信頼が失われると警告した。

吉野も、翌月の「特別議会における根本問題」(『中央公論』)で、美濃部と同様に、歴代政党内閣批判を踏まえた田中内閣批判を展開した。それは、「朝《ちょう》野《や》両

▼**不戦条約問題**　不戦条約は、一九二八(昭和三)年八月、紛争解決の手段として戦争ではなく平和的手段をとるべきことを決めたもので、日本を含め一五カ国が調印した条約だが、民政党は条文中の「人民の名において」が国体に反するとして、田中内閣を攻撃した。

党が共に買収請託《せいたく》の不正手段を競い、甚だしきは政府自ら干渉の凶刃を振つて良民の自由意思を蹂躙《じゅうりん》する」という厳しいものだった。

このように、二大政党内閣の現実、とりわけ政友会に厳しい批判と失望を表明した両者だが、一方で期待をしたのが無産政党勢力の議会進出であった。両者ともに普選による無産政党議員の誕生を政党政治の行き詰まりを打開して、真の民主化の契機と光明をみいだしたのである。

美濃部は、普選の四日後の一九二八年二月二十七日の『帝国大学新聞』において、与党田中内閣の過半数割れによる多数派工作の動きを言語道断であると厳しく批判したうえで、「無産政党の進出」は「僅《わず》かに八人」だが、「二大政党の間に立つ」、「すこぶる有力な新興勢力を得たことに付き深き喜びを表する」と横暴な既成政党を抑制し、議会・政党政治の悪弊を糺すものとして大きな期待感を表明した(「総選挙の結果に付いての二三の感想」)。

吉野も四月に、「無産党議員に対する国民の期待」という時評(『中央公論』)で、無産政党議員がすべきことは、「国利民福の些《いささか》でもの増進を目指して議会政治の向上に協力することである」とみずからの後押しで誕生した無産政党議員への期待感を表明した。選挙以前から吉野は右派《うは》社会民衆党の成立に尽力し、その無産政党から出馬した教え子の赤松克麿《あかまつかつまろ》▲や麻生久《あそうひさし》▲らの応援演説を行うなどの行動面にもおよんだので、無産政党への期待は格別に大きいものだった。

両者とも無産政党の議会進出を、既成政党による議会政治の弊害を取り除き、既成政党によって失われた議会政治の信頼を回復させ、国家と民衆の発展の要件とした民主化への軌道修正につながるものとして、大きな期待をよせた。それだけ、現実の政党内閣が両者の期待を大きく裏切るものだったのである。

政党内閣の実現、普選法の成立と実施という政治的民主化の発展期における両者の言説をまとめると、期待に満ちた楽観的な論調は政党内閣成立当初のごくわずかな時期に限定され、多くは予想に反する政党政治の弊害に対しての批判や改善策を模索するものだった。したがって、政党政治や普選という民主化が、政治の浄化や国家に対する国民の愛着や信頼につながり、国家の発展に貢献するであろうという当初の予測ははずれた。つまり、両者の民主化の提言は、普選や政党内閣など政治的民主化の実現に貢献したが、それ以降の現実の政治や社会においては影響力をおよぼせず、無力だったのである。

▼**赤松克麿**　一八九四〜一九五五年。山口県出身の社会運動家。東大卒。吉野の娘婿。吉野の影響により新人会《しんじんかい》を創立。総同盟《そうどうめい》にはいり、一九二二(大正十一)年日本共産党の創立に参加するも、第一次共産党事件で検挙され転向。社会民衆党創立に参画し、一九三〇(昭和五)年書記長。満州事変後、国家社会主義を主張するが主導権を握れず、一九三二(昭和七)年日本革新党に転じた。その後、大政《たいせい》翼賛会《よくさんかい》に関与し、公職《こうしょく》追放。

▼**麻生久**　一八九一〜一九四〇年。大分県出身の社会運動家・政治家。東大卒。黎明会《れいめいかい》・新人会に参加後、友愛会《ゆうあいかい》にはいり、日本労農党・社会大衆党書記長などを歴任。軍部が台頭すると三月事件などの議会否定の方向に転じ、一九四〇(昭和十五)年新体制《しんたいせい》運動での政権奪取を企図したが、大政翼賛会成立前に病没。

浜口雄幸内閣から五・一五事件前後

無産政党の誕生に政党政治再生の期待をかけた両者だが、田中内閣の後も既成政党の横暴は変わらず、さらに期待した無産政党も麻生らが三月事件▲に関与し、軍人と結びついて議会否定の動きをみせるなど、自身の主張に反する状況に拍車がかかるなか、それを打開すべく奮闘した。両者は無産政党を含めた政党への批判を強めたと同時に、台頭しはじめた軍部にも批判の目を向けていった。

一九三一(昭和六)年三月、美濃部は、『中央公論』に「議会制度の危機」を発表し、浜口《はまぐち》雄《お》幸《さち》▲内閣でもあいつぐ疑獄《ぎごく》事件や権力奪取のために手段を選ばない行動を続ける政党への激しい怒りと失望を顕わにした。具体的には、「政治上の大疑獄事件」をつぎつぎと引き起こす「政府の大官や政党の領袖《りょうしゅう》」は「盗賊」同然と断じ、さらに「衆議院ではなくして醜戯院《しゅうぎいん》であるといひ、二大政党は二大暴力団であるといひ」、「議会が自ら議会を否認し墓穴を掘るもの」と「異口同音に叫ばれ」ている状況にいたっては、政党政治の「前途に光明を望むべき材料は、不幸にして甚だ乏しい」と政党を半ばみかぎる厳しい主張を行った。

▼**三月事件**　一九三一(昭和六)年三月、陸軍将校の橋本欣《はしもときん》五郎《ごろう》ら桜会《さくらかい》や右翼大川周明《おおかわしゅうめい》、麻生ら全国労農大衆党らが起こしたクーデター未遂事件。麻生らがデモなどで国会周辺を混乱させ、軍隊介入の機会をつくり、軍事政権を樹立する計画だったが、失敗した。

▼**浜口雄幸**　一八七〇〜一九三一年。高知県出身の政治家。東大卒。大蔵次官などへて、一九一五(大正四)年に憲政会から初当選。一九二七(昭和二)年民政党《みんせいとう》総裁、二九(同四)年組閣。金解禁《きんかいきん》・緊縮財政・ロンドン海軍軍縮条約締結を断行。だが、世界恐慌《きょうこう》の煽《あお》りで経済的混乱を招き、条約も統帥権干犯問題で紛糾し、非難が高まるなかで右翼青年に狙撃され、それがもとで死去した。

なお、この時評が書かれた二月は、首相代理の幣原喜重郎《しではらきじゅうろう》▲の失言事件▲で民政・政友の与野党が議場において流血の大乱闘を行い、さらに政友会は、右翼《うよく》青年に襲われ負傷した浜口首相の出席を執拗に追及し、新聞などから人道《じんどう》問題という非難の声があがった。三月二十六日付の『東京朝日新聞』も、「第五十九議会の最大の収穫」は、「議会の暴力化による議会政治否認を国民に強く印象づけた事であるかも知れない」と報じたように、美濃部の怒りは当時の世論の大勢に通じるものであった。

吉野も、一九三二(昭和七)年六月の『中央公論』に掲載した「選挙と金と政党」において、政党政治批判の語気を強めたうえで、政党政治を弱体化させた金権《きんけん》選挙の真因が民衆の政治道徳にあると民衆を強く批判した。吉野は、「政界百弊の根源は金にありといふのは、選挙民が軽々しく金に動き、その効果を期待して候補者が金を使ふといふ事実」にあり、「一言にしていへば罪は選挙民にある、問題の根本的解決は選挙民の道徳的覚醒を措《お》いて外にない」と、以前の民衆擁護の立場を転換させ、政党と民衆への失望感をにじませた。

また、二人の評論で注目すべきは、軍部批判である。そもそも、美濃部は一

▼**幣原喜重郎**　一八七二〜一九五一年。大阪府出身の外交官・政治家。東大卒。ワシントン会議の全権をつとめ、以後、民政党内閣期の外相としてワシントン体制に順応した国際協調外交(幣原外交)を展開するも、満州事変収拾に失敗して退陣。敗戦後の一九四六(昭和二十一)年組閣し、憲法改正に尽力した。

▼**失言事件**　一九三一(昭和六)年二月三日、衆議院予算委員会で、野党政友会からのロンドン海軍軍縮条約についての質問に対して、幣原が「天皇が批准した条約なので問題ない」という趣旨の答弁を行ったことに対して、天皇に政治的責任を押しつける発言として、政友会からの反発を招き議会が大混乱に陥った事件。

九二八（昭和三）年に調印された不戦条約を支持し、一方の吉野は一五（大正四）年の対華《たいか》二十一カ条の要求▲を肯定したこともあるが、二〇（同九）年発足の国際連盟への支持を表明していたように、両者とも国際協調主義の立場をとっていた。一九三〇（昭和五）年に起きたロンドン海軍軍縮条約▲での統帥権干犯《とうすいけんかんぱん》問題▲では、国際協調が日本の国益と平和にかなうという共通認識に基づき、それぞれ法律論と政治論から条約締結を正当化し、軍部との対立も辞さない決意で国際協調主義に立つ幣原外交を擁護していたので、当然、満州事変《まんしゅうじへん》後の軍部の台頭についても厳しい批判を展開した。

美濃部は、柳条湖事件直前の一九三一年六月三十日付『東京朝日新聞』掲載の第二回行政整理座談会において、「陸軍が伝統的に兵力で満州蒙古《もうこ》の秩序を維持せねばならぬといふことを強く信じて居る」が、「これほど国家の害をなすものはない」と陸軍を激しく批判した。まさに陸軍の謀略を見通したような鋭い指摘だが、さらに事変後の一九三四（昭和九）年一月の時評「我が議会制度の前途」（『中央公論』）でも、軍部の行動を「戦争を目指して進む」もので、「国家の為に危険此の上も無い……国際的には完全な孤立に陥つて、遂には世界を敵とし

▼対華二十一カ条の要求　第二次大隈重信内閣が中国政府に要求した、二十一カ条にわたる権益《けんえき》拡大の要求。第一次世界大戦による列強の中国からの後退に乗じ、旅順《りょじゅん》・大連《だいれん》や満鉄《まんてつ》の租借期限の延長などを盛り込んだ日本の権益の安定や強化を目的としたものだが、国際的な批判をあび、一部の要求を撤回したが、日本の国際的な信用は低下した。

▼ロンドン海軍軍縮条約　一九三〇年四月に調印された補助艦保有量の制限などを規定した軍縮条約。日本側は、総トン数対米七割を要求したがとおらず、七割を若干満たない数値で妥協した。加藤寛治《ひろはる》海軍軍令部長ら海軍の強硬派は難色を示したが調印した。

▼統帥権干犯問題　ロンドン海軍軍縮条約締結時に起きた統帥権の解釈をめぐる論争。通常、兵力

て戦はねばならぬ」、「それは殆《ほとん》ど薪を抱いて身を火中に投ずるもの」であり、それゆえに、「武力を以《もっ》て政治の中心と為すことは、堅く之《これ》を防がねばならぬ」と軍部の政治的台頭を強く牽制した。それは、まさに日本の未来を予見した鋭い指摘であった。さらに、一九三四年十月の陸軍パンフレット▲(陸パン)についても十一月『中央公論』掲載の「陸軍省発表の国防論を読む」において、陸パンは、「好戦的、軍国主義的な思想の傾向が著しく現はれてゐ」て、「帝国の国《こく》是《ぜ》に反」し、「聖詔《せいしょう》の趣意に背いて、妄《みだり》に戦争を賛美し、戦争を鼓吹」する内容なので、「不謹慎の誹《そしり》を免れない」と痛烈に批判した。

吉野も同様に、一九三二年一月『中央公論』掲載の「民族と階級と戦争」において、満州事変を「帝国主義的進出」と断じ、資源の国際的不均衡から日本の生存上やむをえないとする正当化論に対しても、「渇《かっ》しても盗泉《とうせん》の水を飲むな」と強く批判した。と同時に、事変に「沈黙」し、政権奪取のために軍部との連携を模索しはじめた教え子の赤松克麿・麻生久らの無産政党を、「階級第一主義(無産者の利益擁護)の大歪曲《わいきょく》なることは疑ひない」と厳しく批判した。それは、みずからの民本《みんぽん》主義を実現する「少数の賢者」として期待した愛弟子たちの変節に対

量の決定は、内閣(海相)の輔弼《ほひつ》事項(十二条)だったが、条約に反対した海軍軍令部は、兵力量の決定も統帥(十一条)にかかわる共同輔弼事項と主張し、軍令部不承認の条約調印は統帥権の干犯にあたるとし、批准《ひじゅん》の阻止をはかった。政友会や枢密院、国家主義団体も呼応し大問題となったが、浜口は国際的立場や財政再建の見地から批准を断行した。

▼**陸軍パンフレット**　陸軍省新聞班が一九三四(昭和九)年十月に発行した「国防の本義《ほんぎ》と其《その》強化の提唱」と題するパンフレット。「たたかいは創造の父、文化の母である」で始まり、戦争賛美とともに、戦争遂行のための統制経済や社会政策など資本主義体制の変革が内容であった。政党や言論界が陸軍の政治関与と反発し、政治問題化した。

統帥権干犯問題

〔大日本帝国憲法〕
第十一条　天皇ハ陸海軍ヲ統帥ス
第十二条　天皇ハ陸海軍ノ編制及常備兵額ヲ定ム

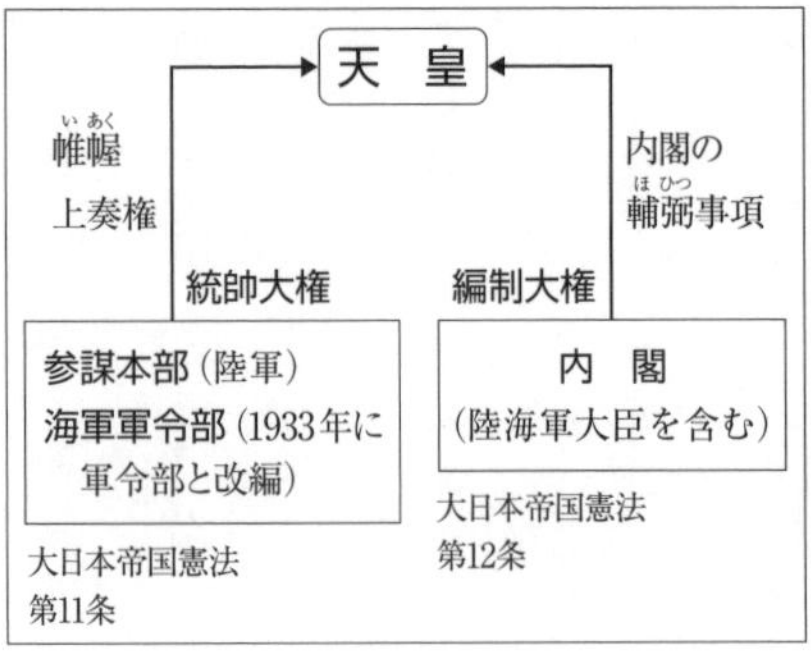

する嘆きであると同時に、吉野の民本主義の破綻を意味した。

軍部の台頭と議会・政党の弱体化と変節を憂慮した美濃部と吉野は、さらに一九三二年犬養毅政友会内閣が五・一五事件で倒壊すると、政党政治自体に対しての否定的な主張を行った。

かねてから政党内閣への失望感を表明していた美濃部は、一九三三（昭和八）年一月に『中央公論』に掲載した「非常時日本の政治機構」で、内閣強化のために政党内閣とは異なるあらたな枠組みを提唱した。美濃部は、「非常時日本」の現状を打開することは、議会に確固たる基礎がない斎藤実《さいとうまこと》▲内閣では無理なので、議会を基盤とした内閣が必要であると議会の重要性を強調した。ただし、「政党に対する国民の信用は殆ど地に堕《お》ちて居る」ので、「若《も》し是れまでのやうな政党政治を繰り返へすことであれば、それは却《かえ》つて益々国難を加ふ」ため、議会の外に「各政党の首領、軍部の首脳者、実業界の代表者、勤労階級の代表者等を集めた円卓巨頭会議」を設置し、国策の方針を策定し、挙国一致《きょこくいっち》内閣の強化をはかるべきであると主張した。

こうした美濃部の主張は、政党内閣とその背後にいる民衆への失望を前提とした、議会自体を弱体化させるものにほかならなかった。だが、もともと美濃部は、政党内閣や議会自体に意義をみいだしていたのではなく、あくまでもそれらを皇室擁護や国家政策を民衆に浸透させ、強い政府をつくる手段として認めていたにすぎなかった。したがって、政党内閣や議会がその役割を十全に果たせないとすればそれら自体を擁護する動機に乏しかったのである。

一方の吉野は、死の床で最後の力を振りしぼり、一九三二年十二月「政界の回顧と展望」(『中央公論』)を執筆し、二カ月後の三三年一月「議会から見た政局の波瀾」(『経済往来』)と三月に世を去った。十二月の時評のテーマは、五・一五事件後の政局予測だったが、そこで吉野は、現状を、軍部など反政党勢力も「政界を自在に料理しようといふ積極的の準備がない」、現斎藤内閣も「目前の急務を託された臨時の留守番に過ぎぬ」、「中心点が無くなつた」状況にあると分析し、その後の政治動向が「国民意向の動き」によって「フアツシヨ」か「政党内閣主義の復帰」かに決まるとして、民衆にわずかながらの期待感を表明した。しかし、最後の評論では、「フアツシヨ」か「政党政治の復興」の二者選択ではなく、「政友軍部妥協の必然的行程が横《よこた》はつて居る」と政友会と軍部の連携による

▼**斎藤実**　一八五八〜一九三六年。水沢《みずさわ》藩出身の海軍軍人・政治家。一九〇六〜一四(明治三十九〜大正三)年海相、その後、のべ一〇年間朝鮮総督《そうとく》をつとめ、ロンドン海軍軍縮条約でも締結を推進した点が評価されて首相に推され、退陣後も内《ない》大臣に抜擢された。その結果、穏健派とみられ、二・二六事件で殺害された。

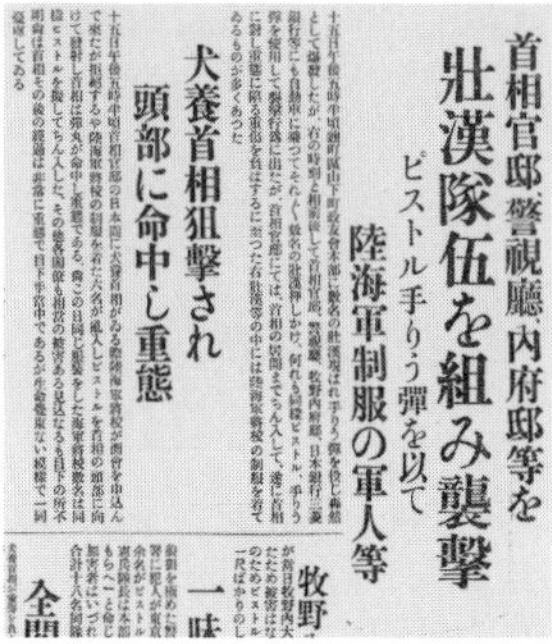
首相官邸、警視廳、内府邸等を
壯漢隊伍を組み襲撃
ピストル手りう彈を以て
陸海軍制服の軍人等
犬養首相狙撃され
頭部に命中し重態

五・一五事件を報じる新聞記事　(『東京朝日新聞』一九三二〈昭和七〉年五月十五日付号外)

政治体制の第三の道を予測し、これまでの楽観的見方をまったく放棄した。この第三の道について、吉野は、政界の一時の混乱を救うであろうが、「政局の形式的安定が国民利福の上に何をもたらすかの見当《けんとう》も皆目《かいもく》つきかねる」とその前途に暗黒をみいだした。こうした政友会と軍部の連携という予測は、吉野の死後、一九三五(昭和十)年の天皇機関説《てんのうきかんせつ》事件という形で現実となっていった。死の直前に吉野は自身の、そして自分と言動をともにした美濃部の民主化論の終焉を予感し、日本の行く末を案じながら生涯を終えたのであった。

天皇機関説事件

美濃部と吉野は、政党政治の凋落《ちょうらく》と軍部の台頭に危機感をつのらせて警鐘をならしたが、影響力をおよぼせず、政党政治の凋落と軍部の台頭は続き、ついに吉野が懸念した政友会と軍部が手を結んだ天皇機関説事件が起こる。この事件により、美濃部やその学説は決定的な打撃を受け、美濃部・吉野が全力をあげて守ろうとした民主化論は終焉を迎える。

天皇機関説事件の発端は、一九三五(昭和十)年二月十八日の貴族院本会議に

▼**菊池武夫**　一八七五〜一九五五年。肥後米良《ひごめら》領主家出身の陸軍軍人。男爵。奉天《ほうてん》特務機関長などを歴任後、一九二七(昭和二)年予備役となり、国本社《こくほんしゃ》などに関係。一九三一(昭和六)年貴族院議員となり、天皇機関説排撃の中心を担い、そのため戦犯容疑で収監。一九四七(昭和二十二)年釈放。

▼**岡田啓介**　一八六八〜一九五二年。福井県出身の海軍軍人・政治家。海軍次官をへて、一九二八(昭和三)年海相。ロンドン海軍軍縮条約では締結に貢献。穏健派として軍部をおさえることを期待されて、一九三四(昭和九)年首相と

おいて、陸軍出身の貴族院議員菊池武夫《きくちたけお》▲（男爵《だんしゃく》、中将）が、主権の持ち主（主権の主体）が天皇ではないとする美濃部の天皇機関説を、「皇国の国体を破壊する」「叛逆的思想」として非難し、政府（岡田啓介《おかだけいすけ》▲内閣＝民政党協力）に学説の取締りを要求する質問を行ったことである。

そもそも陸軍出身の菊池は上杉慎吉《うえすぎしんきち》の天皇主権説の信奉者なので、美濃部に批判的だったが、政治的舞台で問題化させたのは二つの背景があった。一つは、美濃部学説排撃の急先鋒に立っていた蓑田胸喜《みのだむねき》▲からの入説であり、もう一つは、前月に貴族院において美濃部が帝人《ていじん》事件▲で被告となった政党政治家に対する取調べでの人権蹂躙を追及したことが、政党擁護として反政党勢力の反発を招いたことだった。

岡田首相をはじめとする政府は、菊池の質問に対して、学問上の論争を政治の場で論議すべきではないと答弁して収束をはかった。ところが、その一週間後の二月二十五日に、貴族院勅選《ちょくせん》議員だった美濃部が貴族院で自己の憲法学説の正当性を主張する反論演説「一身上の弁明」を行うと、大々的な政治問題に発展した。一時間にもおよんだ美濃部の演説は、自己の天皇機関説（国家法人

なるも、現実には軍部に譲歩を重ねた。二・二六事件で襲撃を逃れたが、総辞職。その後、重臣として対米開戦に反対、一九四四（昭和十九）年東条英機《とうじょうひでき》内閣倒壊の中心となった。

▼**蓑田胸喜**　一八九四〜一九四六年。熊本県出身の国家主義者。東大で宗教学を学び、慶大予科などで教鞭をとるかたわら、一九二五（大正十四）年原理日本社を設立し、共産主義・帝大撲滅運動を起こし、機関説事件のほか、滝川《たきがわ》事件の元凶をつくった。敗戦後自殺した。

▼**帝人事件**　一九三四（昭和九）年政府系銀行（台湾銀行）所有の帝《てい》国人絹《こくじんけん》会社（帝人）の株が、政党政治家（鳩山一郎《はとやまいちろう》文相・三土忠造《みつちちゅうぞう》鉄相）らによって、実業家に不当に安く売却されたとされ、斎藤内閣を倒壊させた疑獄事件。一九三七（昭和十二）年全員無罪となった。

説）が天皇の権威を損なうものではなく、むしろ天皇主権説こそが権力の私有化につながり、公的な存在として君臨し続けた伝統的な天皇に反すること、そしてなにより「天皇即チ国家」（主権を天皇個人がもつ）とする前近代的な天皇主権説では国家間の条約の締結が不可能となる点など（天皇個人との条約となれば、天皇が死んだら締結無効）、現実には国家法人説によって国家が機能している点を具体的に説明し、持論の正当性を主張した。こうした学者・政治家として、なによりも国家の発展と民衆の幸福を願う真のナショナリストとしての信念に基づく美濃部の反論演説は、「降壇すれば貴族院には珍しく拍手起る」と翌日の『東京朝日新聞』（夕刊）で報じられたように、その場では勝利し、他の新聞も美濃部に好意的な報道を行った。

しかし大々的に報じられたことにより、菊池、陸軍出身の江藤源九郎《えとうげんくろう》▲衆議院議員など軍関係の排撃派を刺激した。さらに、衆議院でも山本悌二郎《やまもとていじろう》▲ら政友会の一部の議員が倒閣目的から便乗し、機関説問題が倒閣運動や天皇機関説論者の金森徳次郎《かなもりとくじろう》▲法制局長官・一木喜徳郎《いちききとくろう》枢密院議長ら重臣たちへの排撃運動という本格的な政治問題へ発展していった。二月二十八日江藤が美濃部を不敬罪《ふけい》で

貴族院本会議で一身上の弁明をする美濃部博士（一九三五〈昭和十〉年二月二十五日）

▼**江藤源九郎**　一八七九〜一九五七年。東京出身の陸軍軍人・右翼政治家。連隊長などつとめたのち、一九二七（昭和二）年少将に進級し予備役。一九三二〜四五（昭和七〜二十）年衆議院議員。蓑田や右翼運動家三井甲之《みついこうし》らと連携し、天皇機関説事件のほか、滝川事件などでも暗躍した。江藤新平《しんぺい》の甥。

告発し、翌月十六日在郷軍人会も排撃の声明をだした。さらに、二十日貴族院、二十三日衆議院で機関説排撃の決議がなされ、政府は対応を迫られた。排撃派の批判の要点は、主権の所有者として天皇が絶対的な権力を発揮するのが天皇主権の日本の国体なのに、天皇を主権の所有者として認めずに天皇の権力を制限する天皇機関説は、国体に反するということにあった。また、排撃派は、著書中の詔勅《しょうちょく》を批判してもよいという詔勅批判を肯定する記述に対する批判のほか、天皇を「機関」という言葉で表現することが、天皇を冒瀆するもので、不敬であるという批判も展開したので、感情的で曲解と悪意に満ちたものといえる。

事件を民衆はどのように受けとめたのか。そもそも、民衆が難解な憲法学説について理解することは困難であり、閣議では「国民はまるで無関心」(原田熊雄『西園寺公と政局』四)という発言も飛びだしたとおり、大勢は無関心であったとみるべきである。ただし、当時、第一党であり、民衆を基盤とする政治勢力の政友会が積極的に排撃の先頭に立ち、それを当時の政界情報誌の『政界往来』(九月号)が「政友会は、(排撃)演説会は大盛況」なので「まだまだやる積《つも》りだと見える」と報じていたことから、政友会の行動は、民衆からの支持をえられると

▼山本悌二郎　一八七〇〜一九三七年。新潟県出身の実業家・政治家。独逸《ドイツ》協会学校(現、獨協《どっきょう》大)卒。二高教授から台湾製糖社長などをへて、一九〇四(明治三十七)年衆議院議員当選(政友会)。犬養内閣などで農相を歴任。天皇機関説事件後、一九三六(昭和十一)年議員を辞職し(事件とは無関係)、政友会顧問に就任した。有《あり》田八郎《たはちろう》は実弟。

▼金森徳次郎　一八八六〜一九五九年。愛知県出身の官僚・政治家。東大卒。大蔵省から法制局に転じ、大学でも憲法を講じた。天皇機関説事件では、過去の著書が問題となり、一九三六(昭和十一)年法制局長官を辞職。敗戦後、一九四六(昭和二十一)年吉田《よしだ》茂《しげる》内閣の国務相として新憲法誕生に尽力。

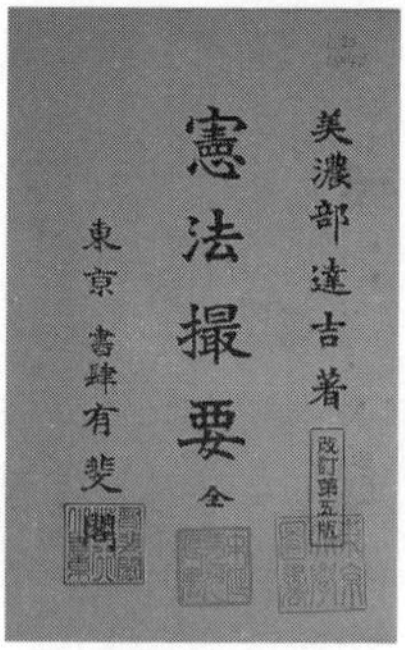

発禁となった『憲法撮要』

▼**国体明徴声明**　排撃派の強い要請によりだされた、天皇機関説が国体に反するとする政府の声明。この声明により立憲君主を説く天皇機関説は影響力を失い、天皇の絶対化を説く天皇主権説が台頭し、憲法に盛り込まれた立憲主義的要素は弱まり、天皇を掲げての軍部の暴走につながった。

いう目算からだと考えるべきなので、民衆は排撃派側に近かったこと、少なくとも美濃部側ではなかったことはまちがいない。

政府は、こうした事件背後の動きへの対応に迫られたと同時に、なによりも民衆統治の要《かなめ》である顕教《けんぎょう》としての神権《しんけん》的な天皇像を認めざるをえなかったので、後退を余儀なくされ、機関説の否認とそれに応じた措置を約束する答弁に追い込まれた。結局、政府は、倒閣の回避と金森・一木などの重臣の擁護のために、四月九日に美濃部の主著『憲法撮要《さつよう》』『逐条《ちくじょう》憲法精義《せいぎ》』『日本憲法の基本主義』を発禁《はっきん》処分とし、八月三日と十月十五日の二度にわたり、国体明徴声明《こくたいめいちょうせいめい》▲をだして、天皇機関説を公的に否定した。さらに、江藤の告発に対して、司法《しほう》省は不敬罪での立件は見送ったが、著書中の詔勅批判の主張が「皇室の尊厳」の「冒瀆」を禁ずる出版法第二十六条違反にあたるとし、美濃部に起訴猶予を条件に議員辞職を迫り、九月十八日に美濃部は辞職した。

ここで気になるのが、当事者の天皇自身はどうだったかということである。鈴木貫太郎《すずきかんたろう》侍従長によると、天皇は、「君主主権説は、自分からいへば寧《むし》ろそれよりも国家主権の方がよいと思ふ」、「あゝいふ学者を葬ることは頗《すこぶ》る惜しいもんだ」（原田熊雄『西園寺公と政局』四）と美濃部に同情する感想を述べたので、天皇機関説に近かったといえる。

ともかく、美濃部は、天皇機関説の公的否定により学者生命を断たれたうえ、起訴猶予との交換条件での貴族院議員の辞職により、その政治・社会的立場を喪失し、国家・社会への影響力を失った。さらに、美濃部だけではなく、佐々《ささ》木《き》惣一《そういち》や宮沢俊義《みやざわとしよし》▲らほかの天皇機関説論者たちも大学の教壇や高文《こうぶん》試験委員から排除されたので、天皇機関説の影響力も完全に失われてしまった。

これにより、美濃部や吉野らの、民衆の支持を背後に軍部をも制御しえる強い内閣を支える民主的政治論や日本を戦争に導こうとする軍部を抑え込む可能性をもった言説もすべて力を失っていった。その結果、軍部が政治的な力を発揮し、日本を戦争に導いていく時代が到来した。それは、「天皇即チ国家」という上杉流の天皇のための国家を高唱する天皇主権説が跋扈《ばっこ》し、太平洋戦争の末期には皇室の滅亡は国家の滅亡という考えにゆきついて、民衆に多大な犠牲を強いた時代である。それは、美濃部と吉野の希求した皇室の安泰、国家の発展と民衆の幸福、さらには人類の生活の幸福と対極の時代だった。

八月三日の国体明徴声明（抜粋）

……大日本帝国統治の大権は儼《げん》として天皇に存すること明かなり。若《も》し夫《そ》れ統治権が天皇に存せずして天皇は之を行使する為の機関なりと為すが如きは、是《こ》れ全く万邦無比《ばんぽうむひ》なる我が国体の本義を愆《あやま》るものなり。……

（『官報』）

▼**宮沢俊義**　一八九九〜一九七六年。長野県出身の憲法学者。東大卒。美濃部の門下で公法を学び、東大助教授をへて一九三四（昭和九）年教授。合理主義的憲法論を展開し、敗戦後、ポツダム宣言の受諾を国体の変更とする「八月革命説」などで新憲法の解釈や普及に貢献した。

今日への遺産

帝大法科教授の美濃部と吉野の民主化論（天皇《てんのう》機《き》関説《かんせつ》と民本《みんぽん》主義）は、大日本帝《だいにっぽんてい》国憲法《こくけんぽう》の制約のなかで民主的政治の正当化を行い、戦前日本における政治的民主化の動きである大正デモクラシーを本格化させ、政党内閣の誕生や普通選挙の実現に多大な貢献をした。両者の民主化論は、政治的民主化（政党内閣）こそが国家の発展と民衆の幸福、さらには世界の文明の発展につながるという確信に基づいた壮大な構想であった。まさに、戦前日本の民主的政治の立役者といえよう。そして両者は、私益を超越した視点や理想主義を貫徹した姿勢によって、多くの指導者（政治家・軍人）や民衆がとらわれてしまった対外膨張主義や戦争の元凶となった利害や感情に左右されずに、政治・外交についての的確な提言を行うことができた。彼らのいうとおりにしていたら、戦争は起きなかったのである。

しかしながら、現実には、政党内閣誕生以後の議会政治の発展期になると、政党政治家たちは汚職や党利党略に走り、美濃部と吉野は、政党や軍部、さらにはその背後にいる民衆に対して、批判と苦言を呈した。両者は、時の権力からの圧力にも屈せず、信念を貫き、敢然と時代に挑戦し、軌道修正を試みたのである。しかし、彼らの提言は受け入れられることはなく、結局は権力奪取のために軍部と手を結んだ政党(政友会《せいゆうかい》)によってその影響力を封じ込められてしまった。政治の民主化の要件である政党内閣が国家の発展と民衆の幸福に直結するという美濃部と吉野の予測は、結果的にははずれたのである。両者の主張が国家や自国民の発展さらには人類の幸福や平和に貢献しうるきわめて高い思想的意義をもちながら、結局は、彼らが期待した民衆や政党政治家たちに受け入れられず、その影響力を行使することができなかったのである。時の権力にも臆せず、信念を貫こうと奮闘した両者が敗北したのである。それは、なぜか。

答えは、両者の民主化論が「民衆の利福」「人類の幸福」に言及しつつも、究極的には国家の利益や発展のためには、民衆の協力や同意が不可欠という国家のための手段としての民主主義であったためである。つまり、統治の手段としての治者の視点からの国家主義的民主主義（相対的民主主義）であり、民衆の権利や福利自体の追求を目的とする民衆のための民主主義（絶対的民主主義）ではなかったことである。

両者の「民衆の利福」「人類の幸福」の中身はつねに曖昧であり、美濃部は内閣強化（強い政府をつくる）の手段として政党内閣を提唱し、吉野も民本主義の目的を究極的には国家の発展と述べ、政治のプロで人格者であるエリートのみが政治を行い、政治のアマの民衆がエリートを監視しながらも同時にエリートに善導されていく「貴族《きぞく》主義的民主主義」（松本三之介氏）を説いた。両者には民衆の利益や権利の拡大という民衆側の視点は薄く、逆に民衆の要求を、民衆が参加した政府を掲げて制御しようとする意図とともに、その意図と表裏一体の民衆の政治的・倫理的能力への不信感が見え隠れしていた。

こうした不信感の根深さをものがたるのが、敗戦後の憲法改正での美濃部の言動である。美濃部は一九四六（昭和二十一）年一月に枢密院《すうみついん》顧問官《こもんかん》に任ぜられ、憲法改正の審査委員会の委員となったが、終始一貫、新憲法に反対の姿勢をとった。美濃部は、天皇から国民が主権者《しゆけんしや》となる新憲法案について、一月に「複雑多岐な政治、経済又は社会的問題に関しては、一般国民にはこれを解決し得るだけの十分の知能を期待し得ない」(「民主主義と我《わ》が議会制度」『世界』)と民衆の政治能力の問題から異を唱えた。さらに、五月には、「形式上に天皇の裁可を経、天皇から親任せらるることが、一般国民に対し法律又は国務大臣の権威を維持する所以《ゆえん》であつて、国民心理を尊重する上から言つて、斯《か》かる形式は決して無視すべからざるもの」(「憲法改正の基本問題」『世界文化』)と民衆統治には天皇の権威が不可欠として、旧憲法維持を主張した。しかし、美濃部の訴えにもかかわらず、結局、六月に枢密院会議で改正案が可決されると議決にただ一人反対し、八月の最終議決でも欠席した。美濃部がみずからにダメージをあたえた明治憲法にもかかわらず、最後まで擁護し、改正に反対したのは民衆への不信感が強かったからである。

同じ大正デモクラシー論でも、生産というもっとも負担が大きく有意義な役割を担う民衆が政治経済的恩恵を最大限に受ける権利をもつと主張した民間のジャーナリストの長谷川如是閑《はせがわにょぜかん》▲の民衆（被治者《ひちしゃ》）側に立った視点からの民主化論とは、まったく異なるものであった。要するに両者の民主化論は、国家の発展に寄与すべき研究と教育に従事する使命を担わされた帝大教授としての立場からのナショナル・デモクラシーであり、国益のため個人の利益追求は制約されるという後発国日本の、まさに明治憲法下での民主化論だったといえる。

　このような民衆への視点の薄さやその根底にある民衆への不信感が、民衆および民衆を基盤とする政党政治家に影響力をおよぼせなかった一因といえるのではないか。事実、だからこそ政友会政治家たちは権力ほしさに天皇機関説事件で排撃派にまわり、美濃部・吉野が好意的だった憲政会《けんせいかい》・民政党《みんせいとう》も彼らの提言を受け入れず、さらに、こうした政党の言動の背後には民衆の存在があったとおりである。もちろん、美濃部の学説が民衆に浸透しなかったのは、美濃部だけに原因があったわけではない。明治期の上杉・美濃部論争により美濃部の学説が中学教育から排除され、一般化のルートが断たれたことの影響もある。

　ともかく、現実としていえるのは、政党政治家たちは自己の権力掌握の正当化を、美濃部や吉野の民主化論ではなく、あくまで民衆側の利益の代弁者とい

▼**長谷川如是閑**　一八七五～一九六九年。東京出身のジャーナリスト・評論家。東京法学院（現、中大）卒。『日本』をへて、『大阪朝日新聞』の記者となり、大正デモクラシーを先導する言説を展開するも、言論弾圧事件で退社。雑誌『我等《われら》』『批判』を主宰し、新人会とともに民主化を推し進める言動を展開。敗戦後、貴族院《きぞくいん》議員として、新憲法制定に尽力し、文化勲章を受章。

う点から行っていたということである。そのなによりの証拠が、衆議院本会議で行われた浜田国松《はまだくにまつ》▲の腹切り問答、斎藤隆夫《さいとうたかお》▲の反軍演説である。

　腹切り問答とは、一九三七(昭和十二)年一月二十一日浜田の軍部批判の質問演説をめぐって、浜田と陸相寺内寿一《てらうちひさいち》とのあいだで交わされた応酬である。浜田の批判を軍部への侮辱であると反発した寺内に対して、浜田は、「私は公職《こうしょく》者《しゃ》、殊《こと》に九千万人の国民を背後にして居る公職者である」と民衆さらには国民の代弁者であることをもって、政党政治家の軍部への優越性を説き、「速記録を調べて僕が軍隊を侮辱した言葉があったら割腹して君に謝する、なかったら君割腹せよ」と恫喝《どうかつ》的な寺内に確固たる姿勢を貫いた。

　一九四〇(昭和十五)年二月三日の斎藤の反軍演説は、政府の日中《にっちゅう》戦争の処理方針を批判したものだが、浜田と同様に、斎藤も「徒《いたずら》に聖戦《せいせん》の美名に隠れて、国民的犠牲を閑却《かんきゃく》し」、「事変以来我が国民は実に従順であります……官僚政治の弊害には、非情の涙を流しながらも黙々として政府の命令に服従する」というように、民衆側の立場から激しい政府批判を展開した。

　国家や民衆さらには国民の危機に際して政府・軍部批判に立った両者の演説

▼浜田国松　一八六八〜一九三九年。三重県出身の政党政治家。東京法学院(現、中大)卒。弁護士をへて、一九〇四(明治三十七)年衆議院議員。犬養毅《いぬかいつよし》と行動をともにし、政友会総務、一九三四〜三六(昭和九〜十一)年衆議院議長を歴任。腹切り問答前から雄弁家として知られていた。

▼斎藤隆夫　一八七〇〜一九四九年。兵庫県出身の政党政治家。東京専門学校(現、早大)卒。弁護士をへて、一九一二(大正元)年衆議院議員。民政党総務・法制局長官などを歴任。反軍演説前にも二・二六事件後の粛軍《しゅくぐん》演説などを行った。反軍演説で議員除名の処分を受けたが、一九四二(昭和十七)年の翼賛《よくさん》選挙では非推薦ながらトップ当選で返り咲き、敗戦後、吉田茂《よしだしげる》内閣の国務相などをつとめた。

は、まさに民衆の福利の代弁者としての使命感にあふれるものだった。したがって、民衆の利益擁護という点でインパクトが弱く、ある種の愚民観がただよう両者の学説は民衆を基盤とする政治勢力の政党政治家たちには魅力に欠けるものだったといえよう。

このように美濃部と吉野の民主化論は国家重視で理想主義的であるゆえに、民衆や政党政治家など民主主義の主役たちに受け入れがたい側面があり、それが戦前日本の民主的政治運営に影を落としたといえる。したがって、両者の民主化への挑戦は完全でなかったが、だからこそ、問題点や失敗も含めての両者の営みには、民主主義や政治社会や指導者層、さらにはその主役の私たちのあり方を問いなおし、今日をよりよいものにしていく豊かな叡智が散りばめられている。

まず、民衆に対する制御の視点が強かった両者の国家統治の手段としての上からの民主化論の問題性から学ぶことは、民主主義は民衆の福利の増進という民衆側の視点に立ったうえで、公益(国家・社会の利益)の調整をはかるべく、公の場での議論が必要ということである。あらかじめ、民衆を利欲のみの存在とみなし、手続き論でその欲望を封じ込めるのではなく、正面から民衆と向きあって説得する姿勢や指導者たちが民主主義では求められるということである。

つぎに国家の発展と民衆の福利を一体的に主張した両者の考え方は、国家の暴走への抑止力という点で有効だったことである。国家のために民衆の犠牲を強いたことに戦前日本が暴走した元凶があったが、民衆あっての国家という視点があったからこそ、両者は国益の増進を掲げた軍部に惑わされずに、反対姿勢を貫けたのである。国家・民衆の発展を一体的に願った彼らこそが国家を真剣にうれい愛した真の国家主義者であり、国家の一員としてのあり方を示している。

また、両者の主張の究極的な目標が自国や自国民の幸福だけではなく、人類の幸福という国家を超越した世界的で理想主義的なものだったことが、国際協調主義の立場の固守と戦争回避の可能性を示すことにつながった。ゆえに、両者の世界的で理想主義的な考えは、今日の国際認識のあり方を示すものである。

そして、なによりも、今日の私たちが学ぶべきことは、その生涯を通じて、時の権力に屈せず、時流に流されることもなく、おのれの地位や名声にもとらわれず、国家の発展と民衆の幸福を希求し、みずからの信ずる主張を貫いた姿勢である。教え子を含め多くの民主化論者たちが権力欲やナショナリズムという心情から国家社会主義に転じるなかで、彼らは動ぜずに踏みとどまった。国家の発展と民衆の幸福を希求して、目先の利益や地位や感情を超越し、孤高《ここう》のなかでも奮闘した彼らの姿勢こそが、指導者としての、さらには人間としてのあるべき姿を示す存在として、これからも生き続けていくのである。

松沢弘陽・植手通有編『丸山眞男回顧談』上, 岩波書店, 2006年
松本三之介『吉野作造』東京大学出版会, 2008年
三谷太一郎『新版 大正デモクラシー論』東京大学出版会, 1995年
美濃部達吉『憲法講話』初版本, 有斐閣書房, 1912年(復刻版『史料集　公と私の構造 1』ゆまに書房, 2003年)
美濃部達吉『現代憲政評論』初版本, 岩波書店, 1930年(復刻版『史料集　公と私の構造 2』ゆまに書房, 2003年)
美濃部達吉『議会政治の再検討』初版本, 日本評論社, 1934年(復刻版『史料集　公と私の構造 2』ゆまに書房, 2003年)
宮沢俊義『天皇機関説事件――史料は語る』上・下, 有斐閣, 1970年
三輪寿壮伝記刊行会編『三輪寿壮の生涯』三輪寿壮伝記刊行会, 1966年
山室建徳「普通選挙法案は, 衆議院でどのように論じられたのか」有馬学・三谷博編『近代日本の政治構造』吉川弘文館, 1993年
吉野信次『商工行政の思い出』商工政策史刊行会, 1962年

写真所蔵・提供者一覧(敬称略, 五十音順)

朝日新聞社　扉下右・下中, p. 6, 66左, 68, 79
国立国会図書館　カバー裏左, 扉, p. 25, 33, 50
高砂市産業振興課　カバー裏右
東京大学　カバー表
東京大学総合図書館　p. 84
徳川美術館所蔵©徳川美術館イメージアーカイブ／DNPartcom　p. 66右
毎日新聞社　扉上左・中右・下左, p. 70, 82

扉:『読売新聞』1935年2月26日付,『東京日日新聞』同年2月19日付,『東京朝日新聞』同年2月26日付,『大阪朝日新聞』同年2月26日付,『東京日日新聞』同年2月26日付,『読売新聞』同年2月19日付,『東京日日新聞』同年2月26日付(右上から時計回りに記載)

参考文献

赤松克麿編『故吉野博士を語る』中央公論社, 1934年
天野郁夫『大学の誕生』上・下, 中央公論新社, 2009年
有山輝雄『近代ジャーナリズムの構造』東京出版, 1995年
家永三郎『日本近代憲法思想史研究』岩波書店, 1984年
家永三郎『美濃部達吉の思想史的研究』岩波書店, 1993年
石堂清倫『わが異端の昭和史』上, 平凡社, 2001年
井田輝敏『上杉慎吉』三嶺書房, 1989年
井出武三郎『吉野作造とその時代』日本評論社, 1988年
伊藤隆『大正期「革新」派の成立』塙書房, 1978年
伊藤隆監修・百瀬孝著『事典　昭和戦前期の日本――制度と実態』吉川弘文館, 1990年
潁原善徳「美濃部達吉『憲法講話』の目的」『史料集　公と私の構造１』ゆまに書房, 2003年
太田雅夫編集・解説『資料 大正デモクラシー論争史』上・下, 新泉社, 1971年
岡義武編『吉野作造評論集』岩波書店, 1993年
小関素明「美濃部達吉と議会政治の超克」『史料集　公と私の構造３』ゆまに書房, 2003年
河原宏「浜口内閣」林茂・辻清明編『日本内閣史録』３, 第一法規出版, 1981年
久野収・鶴見俊輔『現代日本の思想』岩波書店, 1956年
小山常実『天皇機関説と国民教育』アカデミア出版会, 1989年
竹内洋『学歴貴族の栄光と挫折』中央公論新社, 1999年
田澤晴子『吉野作造』ミネルヴァ書房, 2006年
筒井清忠『昭和期日本の構造』有斐閣, 1984年
鳥海靖『日本の近代』放送大学教育振興会, 1996年
長尾龍一『日本憲法思想史』講談社, 1996年
長尾龍一編『穂積八束集』信山社出版, 2001年
長尾龍一「天皇機関説事件」筒井清忠編『解明・昭和史』朝日新聞出版, 2010年
中瀬寿一「美濃部達吉の思想形成の前提」『経済学雑誌』1961年７月号
中野実『東京大学物語』吉川弘文館, 1999年
中村哲『不安と抵抗』法政大学出版局, 1954年
成田龍一『日本近現代史④　大正デモクラシー』岩波書店, 2007年
林要『おのれ・あの人・この人』法政大学出版局, 1970年
原田熊雄『西園寺公と政局』４, 岩波書店, 1988年
坂野潤治『近代日本の国家構想』岩波書店, 1998年
古川江里子『大衆社会化と知識人――長谷川如是閑とその時代』芙蓉書房出版, 2004年
古川隆久『政治家の生き方』文藝春秋社, 2004年
古屋哲夫「金解禁・ロンドン条約・満州事変」内田健三・金原左門・古屋哲夫編『日本議会史録』３, 第一法規出版, 1991年
星島二郎『最近憲法論』実業之日本社, 1912年(復刻版, みすず書房, 1989年)
松尾尊兊『大正デモクラシー』岩波書店, 1994年
松尾尊兊・三谷太一郎・飯田泰三編『吉野作造選集』全13巻, 岩波書店, 1995〜96年

吉野作造とその時代

西暦	年号	齢	おもな事項
1878	明治11		*1-29* 宮城県大崎市に糸綿商吉野年蔵の長男として誕生
1892	25	14	*6-6* 宮城県尋常中学校入学
1897	30	19	*9-* 第二高等学校法科に入学。ブゼルのバイブルクラスにはいる
1898	31	20	*7-3* 仙台バプテスト教会で，洗礼を受ける
1900	33	22	*9-* 東京帝国大学法科大学に入学。東大YMCAの寄宿舎に入寮。海老名弾正を知り，本郷教会に通う
1901	34	23	*9-* 小野塚喜平次の政治学講義に傾倒
1904	37	26	*7-* 東京帝国大学法科大学を卒業
1906	39	28	*1-22* 清国に赴任し，袁世凱家の家庭教師などをつとめる
1909	42	31	*1-* 帰国。*2-5* 東京帝国大学法科大学助教授に任命される
1910	43	32	*1-* 欧米(独・英・米)に留学(1913年7月帰国)
1914	大正3	36	*7-* 教授。*7-28* 第一次世界大戦勃発(～1918年11月11日)
1915	4	37	*1-18* 対華二十一カ条の要求。*6-*『日支交渉論』を刊行し，要求を支持
1916	5	38	*1-*『中央公論』に「憲政の本義を説いて其有終の美を済すの途を論ず」を掲載。以後，上杉慎吉・山川均・北昤吉らとのあいだで民本主義論争が起こる
1917	6	39	*3-14* 東大YMCA理事長就任(診療所や保育園などの社会事業に従事)。*11-* ロシア革命により，ソ連が誕生
1918	7	40	*7-23* 米騒動勃発。*9-29* 原敬内閣成立。*11-23* 浪人会との立会演説会。*12-8* 帝大新人会発足。*12-23* 黎明会結成
1920	9	42	*1-10* 森戸事件。*1-30* 森戸事件の特別弁護人をつとめる
1924	13	46	*1-* 第二次護憲運動。*2-7* 留学生の援助のため，東京帝国大学教授を辞職。朝日新聞社に入社。*5-29* 枢密院批判が問題となり退社。*6-* 護憲三派の加藤高明内閣成立を支持
1925	14	47	*3-29* 普通選挙法成立
1926	15 昭和元	48	*11-4* 安部磯雄らと新政党組織促進の声明書を発表。右派社会民衆党の結成に尽力。*12-5* 社会民衆党結党
1927	2	49	*4-* 田中義一内閣成立
1928	3	50	*1-22* 衆議院解散。*2-* 麻生久・赤松克麿・宮崎龍介ら愛弟子の応援演説に奔走。*2-20* 普選初の総選挙(無産政党から8人当選)
1930	5	52	*4-* ロンドン海軍軍縮条約調印。統帥権干犯問題発生。*6～7-* 条約締結を擁護する評論を発表
1931	6	53	*3-* 三月事件。*9-18* 満州事変勃発
1932	7	54	*5-15* 五・一五事件
1933	8	55	*1-* 日本の行く末を悲観した最後の評論を『中央公論』に掲載。*3-18* 肺結核で死去

美濃部達吉とその時代

西暦	年号	齢	おもな事項
1873	明治 6		*5-7* 兵庫県高砂市に漢方医美濃部秀芳の次男として誕生
1888	21	15	小野中学・乾行義塾をへて，第一高等中学校予科に入学
1894	27	21	*9-* 帝国大学法科大学に入学
1897	30	24	*7-* 東京帝国大学法科大学を卒業し，内務省に入省
1899	32	26	*5-* 内務省をやめ，東京帝国大学大学院生となり，留学。イエリネックなどのドイツ国法学の影響を受ける
1900	33	27	*6-* 東京帝国大学法科大学助教授に任命される
1902	35	29	*10-* 教授に昇進。*11-* 帰国
1911	44	38	*7〜8-* 文部省主催中等教員講習会で憲法を講じる
1912	45 大正元	39	*3-*『憲法講話』を刊行。*6-* 上杉慎吉が美濃部を批判する「国体に関する異説」を発表。*7-* 美濃部，「上杉博士の『国体に関する異説』を読む」で反論。天皇機関説論争が起こる。*7-30* 改元。*12-* 第一次護憲運動が起こる
1913	2	40	*2-11* 尾崎行雄・犬養毅らと護憲派の講演会で演説を行う
1914	3	41	*7-28* 第一次世界大戦勃発(〜1918年11月11日)
1917	6	44	*11-* ロシア革命により，ソ連が誕生
1918	7	45	*7-* 米騒動。*9-* 原敬内閣誕生。*11-* ドイツ革命
1920	9	47	*1-10* 森戸事件，休職処分是認の評論を発表。*2-11* 数万人の普選大示威行進。*2-14* 憲政会・国民党が普選法案提出
1924	13	51	*1-* 第二次護憲運動。*6-* 護憲三派の加藤高明内閣を支持
1925	14	52	*3-29* 普通選挙法成立
1927	昭和 2	54	*4-* 田中義一内閣成立
1928	3	55	*2-20* はじめての普選による総選挙，無産政党 8 人当選
1930	5	57	*4-* ロンドン海軍軍縮条約調印，統帥権干犯問題が起こる
1931	6	58	*3-* 三月事件。*9-18* 満州事変勃発，軍部批判を展開
1932	7	59	*5-* 貴族院議員に勅任。*5-15* 五・一五事件
1933	8	60	*4-* 滝川事件，休職処分の批判を展開
1934	9	61	*3-* 大学を退官。*4-* 帝人事件。*10-1* 陸軍パンフレット刊行
1935	10	62	*2-18* 菊池武夫が貴族院で美濃部の天皇機関説を非難。*2-25* 美濃部，貴族院で一身上の弁明。*2-28* 江藤源九郎，美濃部を不敬罪で告発。*4-9* 主著が発禁処分。*8-3・10-15* 国体明徴声明。*9-18* 起訴猶予処分決定，議員辞職
1936	11	63	*2-21* 美濃部狙撃事件が起こる。*2-26* 二・二六事件
1937	12	64	*7-7* 盧溝橋事件，日中戦争勃発
1941	16	68	*12-8* 太平洋戦争開戦
1945	20	72	*8-15* 敗戦。*10-* 憲法問題調査委員会で意見を述べる
1946	21	73	*1-* 枢密院顧問官。*6-* 枢密院会議での憲法改正案の議決に 1 人反対。*8-29* 改正案の最終議決も欠席。*11-3* 日本国憲法公布
1948	23	75	*5-23* 病のため，死去

古川江里子(ふるかわ えりこ)
1968年生まれ
青山学院大学博士後期課程標準年限修了
博士(歴史学)
専攻，日本近代政治思想史・社会運動史
現職，青山学院大学非常勤講師
主要著書・論文
『大衆社会化と知識人—長谷川如是閑とその時代』(芙蓉書房出版2004)
「大衆社会化と知識人—長谷川如是閑の時事評論を中心に」
(『史学雑誌』第110篇第7号2001)
「立身出世としての社会運動—帝大新人会エリートたちの
挑戦と挫折」(『日本歴史』第702号2006)
「近代日本のエリート教育における内面教育の検討
—第一高等学校『校友会雑誌』を中心に」(『メディア史研究』第35号2014)
「第14講 新人会—エリート型社会運動の開始」
(筒井清忠編『大正史講義』ちくま新書2021)

日本史リブレット人 095
美濃部達吉《みのべたつきち》と吉野作造《よしのさくぞう》
大正デモクラシーを導いた帝大教授

2011年7月20日 1版1刷 発行
2021年9月5日 1版3刷 発行

著者：古川江里子《ふるかわえりこ》

発行者：野澤武史

発行所：株式会社 山川出版社

〒101－0047 東京都千代田区内神田1－13－13
電話 03(3293)8131(営業)
03(3293)8135(編集)
https://www.yamakawa.co.jp/
振替 00120-9-43993

印刷所：明和印刷株式会社

製本所：株式会社 ブロケード

装幀：菊地信義

Printed in Japan ISBN 978-4-634-54895-4

日本史リブレット 人

1 卑弥呼と台与——仁藤敦史
2 倭の五王——森　公章
3 蘇我大臣家——佐藤長門
4 聖徳太子——大平　聡
5 天智天皇——須原祥二
6 天武天皇と持統天皇——義江明子
7 聖武天皇——寺崎保広
8 行基——鈴木景二
9 藤原不比等——坂上康俊
10 大伴家持——鐘江宏之
11 桓武天皇——西本昌弘
12 空海——曾根正人
13 円仁と円珍——平野卓治
14 菅原道真——大隅清陽
15 藤原良房——今　正秀
16 宇多天皇と醍醐天皇——川尻秋生
17 平将門と藤原純友——下向井龍彦
18 源信と空也——新川登亀男
19 藤原道長——大津　透
20 清少納言と紫式部——丸山裕美子
21 後三条天皇——美川　圭
22 源義家——野口　実
23 奥州藤原三代——斉藤利男
24 後白河上皇——遠藤基郎
25 平清盛——上杉和彦
26 源頼朝——高橋典幸
27 重源と栄西——久野修義
28 法然——平　雅行
29 北条時政と北条政子——関　幸彦
30 藤原定家——五味文彦
31 後鳥羽上皇——杉橋隆夫
32 北条泰時——三田武繁
33 日蓮と一遍——佐々木馨
34 北条時宗と安達泰盛——福島金治
35 北条高時と金沢貞顕——永井　晋
36 足利尊氏と足利直義——山家浩樹
37 後醍醐天皇——本郷和人
38 北畠親房と今川了俊——近藤成一
39 足利義満——伊藤喜良
40 足利義政と日野富子——田端泰子
41 蓮如——神田千里
42 北条早雲——池上裕子
43 武田信玄と毛利元就——鴨川達夫
44 フランシスコ＝ザビエル——浅見雅一
45 織田信長——藤田達生
46 徳川家康——藤井讓治
47 後水尾院と東福門院——山口和夫
48 徳川光圀——鈴木暎一
49 徳川綱吉——福田千鶴
50 渋川春海——林　淳
51 徳川吉宗——大石　学
52 田沼意次——深谷克己
53 遠山景元——藤田　覚
54 酒井抱一——玉蟲敏子
55 葛飾北斎——大久保純一
56 塙保己一——高埜利彦
57 伊能忠敬——星埜由尚
58 近藤重蔵と近藤富蔵——谷本晃久
59 二宮尊徳——舟橋明宏
60 平田篤胤と佐藤信淵——小野　将
61 大原幽学と飯岡助五郎——高橋　敏
62 ケンペルとシーボルト——松井洋子
63 小林一茶——青木美智男
64 鶴屋南北——諏訪春雄
65 中山みき——小澤　浩
66 勝小吉と勝海舟——大口勇次郎
67 坂本龍馬——井上　勲
68 土方歳三と榎本武揚——宮地正人
69 徳川慶喜——松尾正人
70 木戸孝允——一坂太郎
71 西郷隆盛——徳永和喜
72 大久保利通——佐々木克
73 明治天皇と昭憲皇太后——佐々木隆
74 岩倉具視——坂本一登
75 後藤象二郎——村瀬信一
76 福澤諭吉と大隈重信——池田勇太
77 伊藤博文と山県有朋——西川　誠
78 井上馨——神山恒雄
79 河野広中と田中正造——田崎公司
80 尚泰——川畑　恵
81 森有礼と内村鑑三——狐塚裕子
82 重野安繹と久米邦武——松沢裕作
83 徳富蘇峰——中野目徹
84 岡倉天心と大川周明——塩出浩之
85 渋沢栄一——井上　潤
86 三野村利左衛門と益田孝——森田貴子
87 ボアソナード——池田眞朗
88 島地黙雷——山口輝臣
89 児玉源太郎——大澤博明
90 西園寺公望——永井　和
91 桂太郎と森鷗外——荒木康彦
92 高峰譲吉と豊田佐吉——鈴木　淳
93 平塚らいてう——差波亜紀子
94 原敬——季武嘉也
95 美濃部達吉と吉野作造——古川江里子
96 斎藤実——小林和幸
97 田中義一——加藤陽子
98 松岡洋右——田浦雅徳
99 溥儀——塚瀬　進
100 東条英機——古川隆久

〈白ヌキ数字は既刊〉